LEKTÜRESCHLÜSSEL
FÜR SCHÜLERINNEN UND SCHÜLER

Heinrich von Kleist
Die Marquise von O...

Von Bernd Ogan

W0048942

Reclam

Dieser Lektüreschlüssel bezieht sich auf folgende Textausgabe: Heinrich von Kleist: *Die Marquise von O…* Hrsg. von Wolfgang Pütz. Stuttgart: Reclam, 2013. (Reclam XL. Text und Kontext Nr. 19127.) Diese Ausgabe ist seiten- und zeilengleich mit der in Reclams Universal-Bibliothek Nr. 8002.

RECLAMS UNIVERSAL-BIBLIOTHEK Nr. 15379
2006 Philipp Reclam jun. GmbH & Co. KG,
Siemensstraße 32, 71254 Ditzingen
Druck und Bindung: Canon Deutschland Business Services GmbH,
Siemensstraße 32, 71254 Ditzingen
Printed in Germany 2018
RECLAM, UNIVERSAL-BIBLIOTHEK und
RECLAMS UNIVERSAL-BIBLIOTHEK sind eingetragene
Marken der Philipp Reclam jun. GmbH & Co. KG, Stuttgart
ISBN 978-3-15-015379-6

Auch als E-Book erhältlich

www.reclam.de

Inhalt

Inhalt

1. Erstinformation zum Werk

Thomas Mann bezeichnet *Die Marquise von O…* als die »berüchtigtste und heute wohl berühmteste von Kleists Erzählungen«[1]. Schon beim Erscheinen erregte sie besondere Aufmerksamkeit, und diese hatte es in sich: Die Mehrheit der Leser und Rezensenten fand Inhalt und Form unangemessen bis anmaßend. Dergleichen gehöre nicht in ein Journal für die Kunst; insbesondere für »keusche Ohren« sei das Thema eine Zumutung. Der Stil sei steif und verschroben, die handelnden Personen seien albern, unmoralisch und in ihrem Verhalten inkonsequent. Die vorgetragene Geschichte sei zu lang und langweilig. »Wozu soll dieser Ton führen?« fragte eine empörte Leserin. Dergleichen könne »kein Frauenzimmer ohne Erröthen lesen«.[2] Kein Wunder, dass die Erzählung zusammen mit der zum selben Zeitpunkt erschienenen Novelle *Michael Kohlhaas* von der Zensurbehörde zunächst einmal verboten wurde. Es dauerte eine Zeit lang, bis sie eine objektivere Aufnahme beim Leser fand.

Geht man von Goethes Definition der Novelle als einer »sich ereigneten unerhörten Begebenheit« aus, so handelt es sich bei der *Marquise von O…* in mehrfachem Sinn um eine Novelle. Unerhört, ja geradezu provokant ist schon

Eine unerhörte Begebenheit

die Tatsache, dass eine Dame der höheren Stände per Zeitungsannonce den Vater ihres Kindes sucht. Ungewöhnlich und anstößig ist auch das Verhalten der handelnden Personen, die sich mehr oder weniger exzentrisch benehmen und in Gefühlsausbrüchen zwischen Ohnmachten und Verrücktwerden hin und her taumeln. Unerhört und aus dem Rahmen fallend – insbesondere für das damalige Preußen – ist auch die Tatsache, dass eine Frauengestalt in dieser Weise zur Heldin einer Novelle avanciert, dass ein adeliger Offizier als Vergewaltiger dargestellt wird und dass das Familienleben im Haus der Marquise alles andere als harmonisch und wohlgeordnet ist. Dem entspricht auch die aufgewühlte, temporeiche, mitreißende, herausfordernde, ja manchmal geradezu chaotische, dann aber auch wieder sehr nüchtern und distanziert erscheinende Sprache und Erzählweise, die den Leser kaum zur Ruhe kommen lässt. An die Klassiker der Zeit wie Goethe erinnert hier gar nichts mehr, schon eher fühlt man sich an moderne Texte des 20. Jahrhunderts, z. B. an Kafka, erinnert.

Der psychologische Tiefgang der Figurendarstellung weist schon auf Sigmund Freud voraus, und der Lebensweg des Autors, der mit 34 Jahren am Wannsee bei Berlin den Freitod suchte, deutet bereits auf die krisenhafte Zerrissenheit und Widersprüchlichkeit moderner Menschen hin. Insbesondere *Die Marquise von O…* zeigt uns heute die ganze Spannweite und Modernität des Autors Heinrich von Kleist. Der Publizist Sebastian Haffner schrieb 1980: »Ich weiß, wenn ich mich mit Kleist einlasse, dann flirte ich mit der Hölle. Ich tue es nicht gern. Wenn ich es aber tue, dann kommen mir eher als bei dem edlen Schiller und dem weisen Goethe und dem prächtigen Lessing leider die Begeisterungstränen.«[3]

2. Inhalt

Die Novelle spielt im September des Jahres 1799 während des Zweiten Koalitionskrieges von 1799–1802, bei dem es den verbündeten Armeen Österreichs und Russlands gelang, die französischen Armeen aus ihren in Italien (insbesondere in Oberitalien und dem Königreich Neapel) eingerichteten Republiken wieder zu vertreiben.[4] Gemeint sind jedoch die Verhältnisse, in denen Kleist selbst gelebt hat. Um etwaigen Zensurauflagen zu entgehen, hat er jedoch den Schauplatz »vom Norden nach dem Süden verlegt« (3), um keine allzu deutlichen Anspielungen auf die preußische Gegenwart entstehen zu lassen. Die Mitteilung »nach einer wahren Begebenheit« (3) ist nicht wörtlich zu nehmen; sie entspringt mehr einer literarischen Konvention und dient zur Beglaubigung des Wahrheitsgehaltes. In der Buchausgabe von 1810 fehlt dieser Untertitel.

Unter unerklärlichen Umständen und ohne ihr Wissen ist die Marquise von O..., eine verwitwete, adelige Dame von vortrefflichem Ruf, schwanger geworden. Die Marquise ist sich keines Fehltritts bewusst. Als sie sich schließlich nach vielen inneren Kämpfen die Schwangerschaft

> *Eine unerkärliche Schwangerschaft*

eingesteht, wagt sie einen ungewöhnlichen Schritt und gibt durch eine Annonce in den Zeitungen bekannt, dass der Vater des Kindes, das sie zur Welt bringen werde, sich melden möge und dass sie aus Familienrücksichten[5] entschlossen sei, ihn zu heiraten.

Als sich auch prompt in der nächsten Ausgabe der Zeitung eine Antwort findet, die den Besuch des gesuchten Unbekannten ankündigt, erkennen die Eltern, dass sie ihrer Tochter, die sie inzwischen verstoßen hatten, unrecht getan haben und holen sie zurück ins väterliche Haus.

Es herrscht Einigkeit darüber, dass die Marquise um des Kindes willen die zu erwartende Person heiraten solle, sofern die soziale und gesellschaftliche Stellung des Mannes dies einigermaßen erlaube. Doch als zum angegebenen Zeitpunkt der Graf F..., ein russischer Offizier, der der Marquise schon einige Heiratsanträge gemacht hat, ebenjener Offizier, der die Marquise einige Monate zuvor bei einem kriegerischen Übergriff auf die Zitadelle des Vaters aus den Händen einer Rotte von Soldaten befreit hat, im Haus des Kommandanten erscheint, grenzt die Überraschung an Bestürzung und totale Verwirrung.

Die Marquise ist außer sich, nennt ihn einen Teufel und versichert mehrmals, dass sie ihn nicht heiraten könne. Ihr Vater ist jedoch der Ansicht, dass sie ihr Wort halten müsse, und trifft die nötigen Vorbereitungen für die Hochzeit. In einem Heiratskontrakt muss der Graf auf alle Rechte eines Gemahls verzichten. Nach der Trauung zieht dieser sich auch sogleich zurück. Erst zur Taufe des Kindes wird er zum ersten Mal wieder eingeladen. Da er Kind und Mutter großzügig beschenkt, kommt es zu häufigeren Einladungen, schließlich zu einem neuen Heiratsantrag, der auch angenommen wird. Auf die Frage des Grafen, warum sie ihn zunächst gleich einem Teufel verabscheut habe, antwortet die Marquise, dass er ihr bei seinem Erscheinen im Hause der Eltern nicht wie ein Teufel vorgekommen wäre, wenn er ihr damals bei der Erstürmung der Zitadelle und ihrer Rettung durch eben ihn, nicht wie ein Engel vorgekommen wäre.

Teufel und Engel oder: Ein Gedankenstrich

Die hier dem Mann um den Hals fällt, ist von diesem vergewaltigt worden, nachdem er sie aus den Händen marodie-
render Soldaten gerettet hatte, die genau das vorhatten, was
er dann tat. Diesen Vorgang bringt Kleist auf die denkbar
knappste Form, indem er einen vielsagenden, aber bedeu-
tungsvollen Gedankenstrich einschiebt: »Hier – traf er [...]
Anstalten, einen Arzt zu rufen« (5). Gottfried Benn wird
diesen Gedankenstrich später als den »gewaltigsten Gedankenstrich der deutschen Literaturgeschichte«[6] bezeichnen.
Kleist begnügt sich quasi mit einer Lücke im Redefluss, er
erzählt den Hergang und verschweigt ihn zugleich. Der
Leser erfährt dann nur noch, dass der Graf erhitzt und auf-
gewühlt erscheint.

Im Text ist die Vergewaltigungsszene deutlich aufs Höl-
lenhafte angelegt. Russische Truppen berennen und bom-
bardieren die brennende Zitadelle, dringen schließlich in
diese ein und verschleppen die Marquise »unter den schänd-
lichsten Misshandlungen« (4) in den hinteren Schlosshof.
Die die Marquise bedrängenden Soldaten werden von dem
Grafen niedergemacht und auseinander getrieben wie der
Teufel in der Legende vom Erzengel Michael. So jedenfalls
hat es wohl die Marquise erlebt. Die allmähliche Enträtse-
lung dieses Vorfalls bleibt dem Leser, der immer auch wieder
auf wenig eindeutige oder falsche Spuren gelenkt wird, vor-
behalten.

3. Personen

Die **Marquise von O...**, Tochter des Obristen von G...
und seiner Gattin und verwitwete Mutter von zwei wohl-
erzogenen Töchtern, ist die Haupt- und Titelfigur der
Novelle. Sie lebt in großer Zurückgezogenheit bei ihren
Eltern und widmet ihre Zeit der Kunst, der Lektüre und der
Erziehung ihrer Kinder bis plötzlich der Krieg auch die Zitadelle ihres Vaters erreicht.

Die Marquise ist bis zu diesem Zeitpunkt eine relativ an-
gepasste Frau, wie dies für die damalige Zeit auch nicht
anders zu erwarten ist. Erst durch ihre unerklärliche
Schwangerschaft gerät ihr ganzes Leben durcheinander.
Sie kommt in eine ausweglose Lage, weil ihr Bewusstsein
sie von jeder Schuld freispricht, obwohl die physiologi-
schen Veränderungen an ihrem Körper eine ganz andere
Sprache sprechen. Die Widersprüchlichkeit ihrer Situation bringt sie fast zum Wahnsinn.

Die Marquise beruft sich in ihrer Lage immer wieder auf
ihr »innerliches Gefühl« bzw. auf ihr Bewusstsein, wobei diese Begriffe bei Kleist
nicht eindeutig bestimmt sind. Hermann
Reske spricht sogar von einer gewissen »ter-
minologischen Sorglosigkeit«[7]. In der *Marquise von O...*
meint der Begriff »innerliches Gefühl« (23) ihr »eignes,
innerliches«, »nur allzu wohlbekanntes Gefühl« (22),
schwanger zu sein. Wenn sie jedoch von »Bewusstsein«
spricht, dann meint sie jene innere Instanz, die sie »rein
spricht« (22), die sie von ihrer »Unschuld« überzeugt.
Ihr »reines Bewusstsein« von einem Lebenswandel ohne
Fehltritt steht also ihrem »innerlichen Gefühl«, dass sie

Gefühl und
Bewusstsein

schwanger ist, entgegen. Sie ist sich keines Fehltritts bewusst und dennoch schwanger, beides lässt sich schwerlich miteinander vereinbaren. Wenn nun das die Schwangerschaft bestätigende Gefühl und das Bewusstsein, sich nichts vorwerfen zu müssen, allzu vehement aufeinander prallen, dann droht die Marquise in Wahnsinn bzw. in Ohnmacht zu fallen. Ihre bisweilen fast exaltierten Reaktionen sind also psychologisch durchaus verständlich. Diesen, ihre ganze Existenz betreffenden Widerspruch kann die Marquise nicht auflösen, jedenfalls so lange nicht, wie sie sich gegen die Einsicht in das Zustandekommen der Schwangerschaft wehrt.

Ein bedeutsamer Entwicklungsschub ist jedoch festzustellen, als sich die Marquise in einem Akt der Selbstwerdung »mit sich selbst bekannt gemacht« (27) hat und sich der väterlichen Autorität widersetzt. In »großer Selbstzufriedenheit« spricht sie von einem »Sieg«, den sie »durch die Kraft ihres schuldfreien Bewusstseins« (28) errungen habe. Sie wächst über sich hinaus und entschließt sich nun, per Zeitungsannonce den Vater ihres Kindes zu suchen, auch wenn die Verstoßung durch die Familie damit zunächst besiegelt ist. Doch als der Graf schließlich im Haus des Kommandanten erscheint, glaubt die Marquise »vor Verwirrung in die Erde zu sinken« (44). Ihr Unschuldsbewusstsein kollidiert nochmals auf brutale Weise mit der Wirklichkeit, die sich aber nun als unwiderlegbar darstellt. In solchen Fällen versuchen Kleists Menschen in der Regel »mit allen Mitteln ihre Bewußtseinswelt gegen die Wirklichkeit zu erhalten und zu stützen, bis diese an der Unwiderruflichkeit der Realität zuschanden wird, sich das Reale dem Bewußtsein anpaßt oder gar das Ich-Bewußtsein sich als stärkere Wirklichkeit beweist als die Wirklichkeit selbst. [...] Die Welt ihres

Ich-Bewußtseins scheint ihnen wirklicher als die Wirklichkeit«[8]. Im Fall der Marquise siegt jedoch am Ende die Wirklichkeit. Es dauert aber – und zwar ein ganzes Jahr –, bis es der Marquise gelingt, ihr »Bewusstsein« mit der Welt des Tatsächlichen ganz in Einklang zu bringen. Dafür bedarf es noch einer schmerzlichen Bewusstseins- und Seelenarbeit.

Die Marquise hatte in einem gigantischen Kraftaufwand, der aber letztlich ein gigantischer Aufwand an Verdrängungsarbeit war, ihr Ich-Bewusstsein, das sie unschuldig sprach, aufrechtzuerhalten versucht, bis es nicht länger standhielt, weil die Wirklichkeit in Gestalt des Grafen sie schließlich eines Besseren belehrte und sie dann auch bereit war, diese Wirklichkeit, die inzwischen eine durch beiderseitige Liebe gekennzeichnete Wirklichkeit ist, anzuerkennen. Sie musste zunächst begreifen und akzeptieren, dass der Graf und Vater ihres Kindes weder ein Teufel noch ein Engel ist, sondern wie alle Menschen den Abgründen des menschlichen Lebens unterliegt.

Abgründe und Grenzsituationen

»Immer wieder experimentiert Kleist mit Grenzsituationen, welche den einzelnen Menschen in seinen Möglichkeiten überraschend erweitern und die normale, von der Gesellschaft sanktionierte Wertung suspendieren.«[9]

Letztlich geht es um eine Frau, deren Selbstbewusstsein durch ihre unerklärliche Schwangerschaft aufs Äußerste erschüttert ist, der es dennoch gelingt, durch die Besinnung auf sich selbst ihrem Schicksal zu trotzen, und der es trotz alledem ungeheuer schwer fällt, die Ereignisse in ihrer ganzen Dimension, einschließlich ihres persönlichen Anteils, innerlich zu akzeptieren und zu verarbeiten.

Kleists Frauengestalten verdienen eine eigene Betrachtung. Auffallend und für die damalige Zeit überraschend ist schon, dass Kleist in so vielen seiner Werke junge Frauen – die oft aus relativ abgeschirmten häuslichen Verhältnissen

Kleists Frauengestalten

kommen – zu die Handlung vorantreibenden »Heldinnen« gemacht hat. Sie sind einfühlsam, zeigen seelische Größe, Empfindsamkeit und Entschlossenheit. Sie besitzen Charakterstärke und Durchblick und sind auch bereit, gesellschaftliche Normen und Fesseln zu sprengen, notfalls selbst Ansehen und Ruf aufs Spiel zu setzen. Kleist rückt sie als eigenständige, selbstbewusste, durchsetzungsfähige, aber immer auch gefährdete Wesen ins Zentrum seiner Dichtung.

Hatte Kleist in den Anfangsjahren für sich und sein Leben auf einer biologisch und gesellschaftlich bedingten Führungsrolle des Mannes bestanden, so betont er später, dass gerade Frauen Vorkämpferinnen im gesellschaftlichen Emanzipationsprozess sein können. Die neu zu definierende Rolle der Frau und ihre Gleichberechtigung in der modernen Gesellschaft waren seit der »Erklärung der Rechte der Bürger und Menschen« von 1789 auch im konservativ und patriarchalisch regierten Preußen zu einem heiß diskutierten Thema geworden. So wurden für Kleist in besonderem Maße gerade Frauengestalten zu Repräsentantinnen des Menschlichen in einer bedrohten und aus den Fugen geratenen Welt, nicht zuletzt weil sich Kleist auf Grund seiner eigenen Empfindsamkeit und Gefühlstiefe besonders gut in Frauen hineindenken konnte.

Der **Graf F...** wird dem Leser zunächst als ein verdienstvoller, in jeder Weise untadeliger, mit mehreren Verdienstorden geschmückter russischer Offizier vorgestellt. Er hat die Marquise beim Überfall auf die Zitadelle ihres Vaters vor den Horden der anstürmenden Soldaten gerettet. Die Familie der Marquise sieht sich deshalb dem Grafen gegenüber zu großer Dankbarkeit verpflichtet. Später wird jedoch deutlich, dass der Graf in Ausnützung der chaotischen Situation während des kriegerischen Ansturms auf die Zitadelle die in Ohnmacht gefallene Marquise vergewaltigt hat.

Der Graf erscheint in der Novelle einerseits als Retter, als Engel in der Not, und andererseits als teuflischer Verführer. Der heldenhafte Retter ist also gleichzeitig ein gemeiner Verbrecher. Andererseits ist jedoch festzuhalten, dass der Graf gleich im Anschluss an die Tat alles versucht, diese »wieder gutzumachen« (12). Er trägt der Marquise mehrmals die Heirat an, doch diese lehnt ab, was die mit großer Eile und Hast vorangetriebenen Bestrebungen des offenbarungswilligen Grafen zunichte macht, jedoch die dramatische Spannung der Novelle eminent erhöht.[10]

Retter und Verführer

Die Tat des Grafen, eines adeligen Militärkommandanten, ist bei weitem kein Kavaliersdelikt. Darauf stand nach dem Militärreglement die Todesstrafe. Die fünf Soldaten, die sich an der Marquise vergehen wollten und in letzter Minute vom Grafen davon abgehalten wurden, werden vom befehlshabenden General schon für ihren bloßen Versuch kurzerhand erschossen. Der Graf gibt dabei kein gutes Bild ab. Allein die Tatsache, dass Kleist mit dem Grafen, auch wenn er ihn im Folgenden durchwegs sympathisch darstellt, einen Vertreter des Adels als Triebverbrecher in einer solch zentralen Rolle vorführt, ist bereits ein provokanter Tabubruch. Er wird verständlich durch Kleists

Provokanter Tabubruch

kritisches, ja ablehnendes Verhältnis zum preußischen
Militär.

Im Grunde erfährt der Leser jedoch reichlich wenig über
den Grafen. Der Erzähler verzichtet auf kommentierende
und wertende Einschübe, die den Charakter, die innere
Verfassung und die Motive des Grafen deutlich machen
könnten. Dieser ist nur durch sein Tun, seine Gebärden
und sein Minenspiel, vor allem aber durch seine Wirkung
auf andere präsent. Man könnte geradezu von einer Ver-
haltensstudie sprechen. Wir erfahren immer nur, wie der
Graf seiner Umwelt »erscheint«. Er wird nur indirekt
charakterisiert durch die Reaktionen der Menschen um
ihn herum, und diese sind subjektiv gefiltert und zudem
sehr wechselhaft. Ein objektives Bild kann sich der Leser
kaum machen, also auch nicht über die angeblich so posi-
tiven Eigenschaften des Grafen. Über seinen Charakter
und die wahren Motive seines Handelns kann im Grunde
nur spekuliert werden. Selbst über das Aussehen des Grafen erfahren wir wenig, außer dass er »schön, wie ein junger Gott« (9) sei. Doch bereits dieser Ausdruck hebt die
Subjektivität des Urteils hervor.

Der Vater der Marquise, **Obrist von G...**, Kommandant
der Zitadelle bei M..., lebt in zwei Welten, in der Welt der
adeligen Krieger- und Soldatengesellschaft und in der Pri-
vatwelt seiner Familie. Sein Denken und seine Ausdrucksweise sind geprägt von der in seinen Krei-
sen herrschenden Militärsprache. Als patriarchalischer Familienvater besteht er
darauf, dass seine Worte wie Befehle aufzu-
fassen sind. Seine Wünsche sind Anordnungen und wer-

*Patriarchalischer
Familienvater*

den fraglos befolgt, auch wenn er, was er öfters tut, zu
schweigen befiehlt. Man kann sagen, dass im Haus des
Kommandanten überhaupt viel geschwiegen wird. Aber
auch das ist eine Form der Kommunikation, freilich eine
sehr verbogene und verstellte.

Als schließlich die Hebamme die Schwangerschaft bestätigt, verweist er seine Tochter aus dem Haus, noch dazu
schriftlich in einem Brief, den er seiner Frau diktiert und
von ihr überbringen lässt. Er verstößt sie aus der Familie, damit »ihm Gott den Jammer ersparen werde, sie
wiederzusehen« (26). Als sich ihm seine Tochter dennoch nähert, wendet er ihr den Rücken zu und ruft
»hinweg!« (27). Und als sie sich ihm zu Füßen wirft,
greift er nach der Pistole. Die hier demonstrierte Kom-
munikationsverweigerung spricht nicht gerade für den
Obristen. Er befiehlt schließlich – den Bogen offensichtlich überspannend –, dass die Marquise ihre Kinder zu-
rücklassen solle. Diese reagiert empört: »Sag deinem un-
menschlichen Vater«, ruft sie ihrem Bruder zu, »dass er
kommen, und mich niederschießen, nicht aber mir meine
Kinder entreißen könne!« (27). Selbst die Obristin ist »er-
bittert« über die »zerstörende Heftigkeit ihres Gatten«, die
er »bei der tyrannischen Verstoßung der Tochter« (33) an
den Tag gelegt hat. Das, wenn auch nur durch die Fami-
lienmitglieder vermittelte Urteil des Erzählers, ist eindeutig. Der Haustyrann ist gerade das Gegenteil einer
besonnenen, wahrhaften Autorität.

Umso mehr muss es überraschen, mit welch herzlicher, ja
schon grenzüberschreitender Innigkeit der Obrist seine
Tochter in die väterlichen Arme nimmt, nachdem er erkannt hat, dass er ihr unrecht getan hat. Er heult wie ein
Schlosshund, so »dass die Wände erschallten« (40), drückt

»lange, heiße und lechzende Küsse, das große Auge voll
glänzender Tränen, auf ihren Mund [...]: gerade wie ein Ver-
liebter!« (42). Er beugt sich über sie »wie über das Mädchen
seiner ersten Liebe, und legte ihr den Mund zurecht, und
küsste sie« (42). Die Mutter wird Zeuge dieser sonderbaren
Szene und fühlt sich vor Erleichterung über diese Versöh-
nung »wie eine Selige«, nachdem er »eben wieder mit Fin-
gern und Lippen in unsäglicher Lust über den Mund seiner
Tochter beschäftigt war« (42).

Diese maßlos übertriebene und schon zur Satire, zur
Gefühlskarikatur gesteigerte Versöhnungsszene muss sicherlich im Kontrast zur Szene mit dem Pistolenschuss
gelesen werden: So steht es mit den patriarchalischen Vätern: Zwischen Tyrannei und   *Tyrannei und*
überzogener Sentimentalität schwanken   *Sentimentalitäten*
sie von einem Extrem ins andere und fin-
den doch nie das richtige Maß, wie dies einem wirklich
besorgten, liebevollen Vater entsprechen würde. So wie
Kleist in der Figur des Grafen F... (ein Offizier vergreift
sich an einer Frau) das gängige Soldaten- und Helden-
klischee untergräbt, so stellt er im Verhalten des Obristen
die zu seiner Zeit unantastbare väterliche Autorität, ja die
patriarchalischen Familienverhältnisse generell, zugunsten der Selbstbehauptung einer Frau in Frage.

Die **Obristin** nimmt in der Regel eine vermittelnde Stellung ein. Mit einer List verschafft sie sich ohne Wissen ihres Mannes Gewissheit darüber, dass ihre Tochter wirklich
nicht weiß, wer der Vater ihres Kindes ist, und damit Gewissheit über deren »Unschuld«. Die Mütter haben offensichtlich in patriarchalischen Gesellschaften die Auf-
gabe, die schlimmsten Ausbrüche der Väter abzumildern,

sind aber letztlich doch fest im familiären Zwangsverband verankert. Auffallend ist dennoch das unterwürfige Verhalten der Obristin, was zunächst auch für die Marquise gilt, obwohl sie eine erwachsene Frau mit zwei Kindern ist. Dies sagt einiges über die Familienstrukturen in einer männlich dominierten Gesellschaft, wie sie Kleist kennen gelernt hat. Umso deutlicher herausgestellt wird dadurch jedoch die »Anstrengung« (27) der Marquise, mit der sie sich schließlich gegen diese entmündigenden Verhältnisse ihrer Familie zur Wehr setzt und zu sich selbst findet.

Der **Bruder** der Marquise spielt als Forstmeister eher eine Nebenrolle. In der Regel hat er eine Art Botenfunktion zur Überbringung von Nachrichten.

Fernerhin werden ein **Arzt** und eine **Hebamme** bemüht, um deren medizinischen Rat in Bezug auf die deutlichen Symptome einer Schwangerschaft einzuholen. Als nüchterne und kompetente Vertreter ihres Berufsstandes können sie nur sagen, was Sache ist. Sie bringen damit die Marquise in noch heftigere Irritationen und Gefühlsverwirrungen. Die beiden Szenen offenbaren viel hintergründige Komik: scherzend der Arzt, handfest, bodenständig und pragmatisch die Hebamme, dem Wahnsinn und der völligen Auflösung nahe die Marquise. Die Hebamme spricht »von jungem Blut und der Arglist der Welt« (25) und lässt wissen, dass dergleichen Fälle schon immer mal vorkommen. Der »muntere Korsar« werde sich schon finden. Kein Wunder, dass die Marquise daraufhin in Ohnmacht fällt.

Pragmatismus und Wahnsinn

4. Die Struktur – allgemeine Stilmerkmale

Bei der Erzählung *Die Marquise von O...* handelt es sich um eine Novelle. Goethe hatte 1827, also nach Kleist, seine *Novelle* in Anlehnung an Cervantes und Boccaccio mit den Worten definiert: »was ist eine Novelle anders als eine sich ereignete unerhörte Begebenheit«[11]. Und Unerhörtes gibt es in Kleists Novelle in ausreichender Zahl. Schon die Tatsache, dass eine Dame aus gehobenem Stand per Zeitungsanzeige den Vater ihres Kindes sucht, gehört zu den unerhörten, ja provokanten Ereignissen. Außerordentlich sind auch die ungewöhnliche Personenkonstellation, die überraschende Entwicklung der Geschichte und der pointierte Schluss.

Doch während sich in Goethes Novellen eher behutsame Lebensbetrachtung und eine philosophisch optimistische Grundstimmung begegnen, ist Kleist ganz anders: skeptischer, extremer in der Grundhaltung und pessimistischer in der Weltbetrachtung. Seine Novellen zeigen bereits die Risse und Diskrepanzen der Moderne. Er will nicht wie Goethe letztlich in geordneten Bahnen bleiben, er zeigt vielmehr die Fassungslosigkeit, oft auch Ausweglosigkeit der Menschen und die unerhörten Widersprüche, mit denen sie in ihrer jeweiligen Welt leben müssen.

Kleist zeichnet in seinen Novellen den sich unter großen Spannungen vollziehenden Werteverlust einer Umbruchzeit, und er ist sich dessen mit großer Deutlichkeit auch bewusst: »Die Zeit scheint eine neue Ordnung der Dinge herbeiführen zu wollen, und wir werden davon nichts, als bloß den Umsturz der alten erleben.«[12] Ja, er »konzentriert und

steigert diesen Vorgang und verdichtet ihn kühn zu nacher-
lebbaren Charakteren und Begebenheiten«[13], und dies bisweilen bis zur scheinbaren Manieriertheit. »Und doch kann
von Manieriertheit nicht die Rede sein«, schreibt Thomas
Mann, »wo soviel Ernst, Natur, persönliche Notwendigkeit
herrschen. Ein Impetus, in eiserne, völlig unlyrische Sachlichkeit gezwungen, treibt verwickelte, verknotete, überlas-
tete Sätze hervor, [...] die geduldig geschmiedet und zugleich von atemlosem Tempo gejagt wirken.«[14]

Im Fall der *Marquise* könnte man weiter gehend sogar
von einer Kriminalnovelle sprechen. »Sofort ist die Neugier zum Höchsten gereizt: die sexuelle Neugier, *wie* es zu
dieser unwissentlichen Schwangerschaft kam; die kriminalistische Neugier: wer war der Täter; und schließlich die
psychologische Neugier: wie und unter welchen Voraussetzungen wird die Marquise den Mann, der sie vergewaltigt
hat, dennoch heiraten können?«[15] Dabei geht es Kleist
nicht nur um die Tat, sondern gerade auch um den Täter
und seine charakterlichen und psychologischen Eigenar-
ten. »Dies unterscheidet seine analytische Technik, so oft
sie sich auch der Kriminalfälle als Ausgangspunkt be-
dient, von der engen Mechanik der bloßen Detektiv-
geschichte, die alles auf die Frage reduziert: wer ist der
Täter? [...] Kleist dagegen erhebt das vielschichtige Verhältnis des Täters zu seiner Tat, zu den von der Tat Be-
troffenen und zur beurteilenden Umwelt zum eigent-
lichen Interesse des Geschehens. Es ist nicht bloß ein
äußeres, sondern wesentlich ein inneres Geschehen, obwohl es an der spannenden äußeren Handlung wahrhaftig
nicht fehlt.«[16]

Kleists Erzählkunst lebt vom dramatischen, spannungs-
vollen, vorantreibenden Sprachstil, von der
Verknappung und der raschen Fortent-
wicklung des Geschilderten. Der Erzähl-
fluss wird bestimmt von einer hastigen, vor-

*Erzählstil und
Sprache*

antreibenden Eile und Atemlosigkeit.[17] Kleist »konnte nur
mit höchster Intensität oder gar nicht sprechen. Daher die
Atemlosigkeit, die sich auch in seiner Dichtung bemerkbar
macht. Es herrscht dort eine hastige Konsequenz, eine über-
stürzte Eile, wie von der Furcht getrieben, man könnte den
Faden und damit alles verlieren, jedes Innehalten könnte
Absturz bedeuten.«[18] Zeitbestimmungen und Zeitadverbien
wie »eben«, »nachdem«, »plötzlich«, »gerade in diesem
Augenblick« treiben die Handlung voran. Das atem-
beraubende Nacheinander der Ereignisse scheint dem
Geschehen alles Beliebige und Beiläufige zu nehmen. »In
jeder dieser Wendungen bezeugt sich das Geschehen als
schicksalhaft, als Hereinbrechen elementarer Mächte,
über die es eine Verfügungsgewalt nicht gibt.«[19]

Kleists Sprache verzichtet auf rhetorisch gefällige oder
poetische Ausschmückungen. Naturbeschreibungen und
andere optische Eindrücke fehlen fast ganz, sodass dem
Leser genügend Leerräume für die eigene Phantasie und
Imagination bleiben. Die Ausdrucksweise ist kompri-
miert, streng logisch, zum Teil spröde, oft protokollarisch
verkürzt wie der Stil von Amtssprachen. »Das bis zum
Äußersten erhitzte Thema wird sprachlich, stilistisch bis
zum Äußersten abgekühlt.«[20] Ebenso wird im Dienst der
Nüchternheit und Stringenz auf Nebenhandlungen oder
verweilende Episoden verzichtet. Wichtige Details werden oftmals nur wie nebenbei erwähnt. Das Außeror-

*Das Außer-
ordentliche und
das Alltägliche*

dentliche und Gewagte erscheint wie das Normale und Alltägliche.

Auffallend sind ferner die langen, verschachtelten Sätze und die meist indirekte Rede. Die Figuren werden vor allem durch Körper- und Gebärdensprache, durch Gestik, Gebärden, Mimik und Tonfall charakterisiert. – Beispiele: »ein wenig bleich im Gesicht« (9), »eine Röte ins Gesicht stieg« (12), »in einer konvulsivischen Bewegung« (22), »hochrot im Gesicht glühend« (23), »einer flüchtigen Blässe« (29): »die Röte der Überraschung überflog ihr Gesicht« (30 f.), »Blässe des Todes« (44); nicht zu vergessen die Tränen und Ohnmachten, die ja auch zur Körpersprache zu zählen sind.

All dies sind deutliche Hinweise, die viel über die jeweilige Person aussagen, selbst wenn diese schweigt oder nichts sagen kann.

Hier spricht kein Schriftsteller, der seinem Publikum eine gefällige, leicht verständliche Geschichte erzählt, hier will sich keiner anbiedern. Im Gegenteil, Kleist macht es dem Leser schwer, verlangt von ihm größte Konzentration beim Lesen. So wirken die ausufernden Satzkonstruktionen oft umständlich, so wie es für die handelnden und das Geschehen erleidenden Menschen eben gerade die störenden, sie umstellenden und einengenden Umstände sind, die sie nicht ans Ziel kommen lassen. Auf erklärende, das Ganze souverän wertende Einschübe des Erzählers wird weitgehend verzichtet.

*Berichterstatter
und Chronist*

Der Erzähler ist in erster Linie nüchterner Berichterstatter, der sich um Sachlichkeit, Faktizität und Objektivität bemüht und der sich dem Geschehen unterordnet, als würde er ganz hinter dem Erzählten zurücktreten. Kleist erzählt gerne in der Form eines Chronisten, zumindest tritt er so auf, als würde er eine wahre Begebenheit im Stil eines nur berichtenden Chronisten wiedergeben. Das Fiktive scheint zu schwinden zugunsten der Darstellung einer angeblich wahren Begebenheit, so als würden nur – rein sachlich und distanziert – Informationen weitergegeben, als würde der Erzähler den Hergang nur referieren bzw. protokollieren. Und so beginnen die meisten Erzählungen Kleists denn auch mit exakten zeitlichen und räumlichen Hinweisen sowie mit genauer Angabe der Namen, wenn auch meistens in verschlüsselter Form.

Der auktorial-allwissende Erzähler ist nicht Kleists Sache. Sein Erzähler steht selbst ganz unter dem Eindruck der jeweiligen Situation und er erzählt mehr oder weniger aus der Erlebnisperspektive der handelnden Personen, als wüßte auch er nicht mehr als diese. Es gibt keinen überlegenen, ordnenden, das Gesamtgeschehen überblickenden Standpunkt außerhalb der Geschichte, von dem aus eine umfassende Sinngebung und Wertung möglich wäre. Erläuternde Hinweise werden bestenfalls andeutungsweise eingeschoben. Die Ereignisse sprechen unmittelbar und durch sich selbst. All dies erhöht die Unerbittlichkeit des Geschehens. Werden wertende Aussagen gemacht, so entsprechen sie meist nicht der Meinung des Autors, zum Teil werden sie in ihrer überzogenen, ironisch überspitzten Form geradezu ins Gegenteil verkehrt, etwa wenn die Marquise im Zusammenhang mit ihrer Schwangerschaft von der »großen, heiligen und unerklärlichen Einrichtung der Welt« spricht oder wenn sie das Kind aus ihrer Vergewaltigung als »Geschenk« Gottes und dessen Ursprung, da »geheimnisvoller«, auch als »göttlicher« (28) bezeichnet.[21]

Der Leser tappt bisweilen also mehr oder weniger im Dunkeln und ist aufgerufen, sich an Hand der

Mündiger Leser

bereits berichteten Fakten selbst ein Bild zu machen, und das ist auf Grund der oft verwirrenden, bisweilen paradoxen Lage nicht immer einfach. Er muss sich selbstständig den Text erschließen. Dies erfordert manchmal geradezu kriminalistische Fähigkeiten, jedenfalls eine gute Beobachtungsgabe, die gerade auch die kleinen Details – und wenn es nur ein Gedankenstrich ist – zu werten und zu entschlüsseln weiß. Der Leser muss die nötigen Rückschlüsse ziehen, und gerade dies macht Kleists Erzählungen, und das gilt insbesondere für *Die Marquise von O...*, so spannend: »Die *nachträgliche* erzählerische Aufdeckung der Tat und des Täters« wird »zur lebendig-unmittelbaren Lese-Erfahrung des Lesers mit sich selbst«[22]. Denn es zeigt sich bald, dass die jeweilige subjektive Sichtweise, Phantasie und Lebenserfahrung des Lesers unbewusst in den Interpretationsvorgang selbst einfließen, wenn es darum geht, die oft widersprüchlich erscheinenden Wirklichkeitsfragmente zu deuten und zusammenzusetzen.

Angesichts der »gebrechlichen Einrichtung der Welt« (47) wäre ein auktorialer, allwissender Erzähler auch völlig unangemessen. Wie sollte dieser eine auseinander brechende Welt zu einer sinnfälligen Einheit zusammenfügen? In einer Welt, die vor allem durch Paradoxien, Unverständlichkeiten, Widersprüche und Entfremdung geprägt ist, kann es keinen allwissenden, ordnenden Erzähler geben. Denn »jede erzählerische Haltung ist zugleich eine gesellschaftliche Haltung«[23].

Kleists Erzählstil ist Ausdruck der allgemeinen Gesellschaftskrise der Zeit wie seiner persönlichen Lebenskrisen.

Auch wenn es Kleist um Welt- und Selbsterkenntnis sowie um Weltveränderung durch Kunst geht, so ist seine Weltsicht doch eine sehr skeptische. Die Welt lässt sich nicht mehr auf einen Nenner bringen. Die Ursachen für das Scheitern der Kunst als Welterkenntnis- und -veränderungsfaktor liegen also in erster Linie in der gesellschaftlichen Situation, an der auch Kleist in seinem Leben gescheitert ist. In diesem Sinn ähnelt Kleists Prosa in vielem der Erzählhaltung Franz Kafkas. Nicht umsonst hat Kafka Kleist sehr geschätzt und auch immer wieder gelesen. So berichtet Dora Diamant über Kafka: »Und dann liebte er Kleist. Er konnte mir die *Marquise von O.* fünf- oder sechsmal hintereinander vorlesen.«[24] Kafkas Gefühl für Distanz und Entfremdung in einer unbegreiflich gewordenen Welt deutet sich schon bei Kleist an. Wie bei Kafka hat der Leser auch bei Kleist auf Grund des Erzählstils den Eindruck, sich jeweils gerade auf dem Verstehensniveau der handelnden Personen zu befinden. Dies eben führt dazu, dass vieles undurchsichtig und rätselhaft bleibt, dass die Welt überhaupt als eine schwer zu durchschauende Macht erscheint. Natürlich handelt es sich bei Kleist noch nicht um den personalen Erzähler im strengen Sinn, doch selbst wenn es zu vorsichtigen Andeutungen durch den Erzähler kommt, so bleiben diese oft zweideutig oder werden schon im nächsten Moment relativiert oder gar zurückgenommen.

Kleist und Kafka

»Modern« ist auch die Art und Weise wie Kleist mit seiner Erzählweise den Leser zur eigenen Stellungnahme und Mündigkeit herausfordert. Vom Leser wird ein eigenes Urteil erwartet, und dies ist bei den oft sehr widersprüchlich erscheinenden Fakten ein sehr verwirrender Prozess, da sich die dargestellten Personen meist selbst nicht erkennen und realitätsgerecht einschätzen können. Ursprünglich sollten Kleists Novellen in der Buchausgabe unter dem Titel »Moralische Erzählungen« veröffentlicht werden, doch das Adjektiv wurde dann fallen gelassen, denn unter moralischen Erzählungen verstanden die Leser der damaligen Zeit Geschichten über das moralisch richtige Handeln und Leben des Menschen. Diesen Erwartungen entsprachen Kleists Erzählungen nun in keiner Weise. »Sie veranschaulichten keine Verhaltenslehren, handelten nicht von nachahmenswerten Tugenden, sie verherrlichten nicht den Sieg der Moral über die bösen Mächte der Unvernunft, und sie stellten keine Identifikationsmuster bereit, durch die der sittlich geläuterte Leser sich in der Richtigkeit seiner Weltsicht hätte bestätigt fühlen können. Solchen Erwartungen liefen Kleists Texte geradewegs zuwider. Sie bestätigten, beruhigten, beschwichtigten nicht.«[25]

Dies hätte auch Kleists Literaturverständnis völlig widersprochen. Er will die Wirklichkeit zeigen, wie sie ist, irritierend, grausam, verwirrend und paradox und mehr oder weniger trostlos. Es geht ihm nicht um sittlich-moralische Erbauung, sondern um Verunsicherung. Bestenfalls eignen sich seine Erzählungen als Grundlage für Fragen, Erörterungen und Diskussionen, als Beispiele, an denen »man sehen und beurteilen kann, was dem Menschen in dieser Welt zustoßen mag und welche Möglichkeiten er hat, darauf

Versuchs-anordnungen zur Irritation

zu reagieren«[26]. Sie sind »provokante Experimente mit den eingespielten Erwartungen des lesenden Publikums, [...] Versuchsanordnungen zur Herstellung von unauflöslichen Irritationen«[27] und gerade darin Texte für mitdenkende, eigenständige und mündige Leser.

5. Wort- und Sacherläuterungen

3,1 **Marquise:** Ehefrau eines Marquis (vgl. Anm. zu 3,16 f.).

3,10 **aus Familienrücksichten:** aus Rücksicht auf die Familie. Uneheliche Schwangerschaft wurde in der Zeit um 1800 mit kirchlichen und staatlichen Sanktionen geahndet; durch eine Eheschließung konnte eine Schwangere der sozialen Ächtung entgehen.

3,14 **Kommandanten:** Befehlshabers.
Zitadelle: kleinere Festung zum Schutz der Stadt.

3,16 f. **Marquis:** französischer Adelstitel, dem Rang eines Grafen untergeordnet.

3,25 **Eingezogenheit:** Zurückgezogenheit.
der ... Krieg: der Zweite Koalitionskrieg, den die verbündeten europäischen Mächte gegen Napoleon führten.

3,26 **fast aller Mächte:** In Norditalien kämpften 1799 auf der Seite der Koalition österreichische und russische Truppen, auf der Seite Frankreichs französische, italienische und polnische.

3,27 **Obrist:** Oberst, Befehlshaber eines Heeres oder einer Heeresabteilung.

3,28 **Order:** militärischer Befehl.

4,1 f. **berennt:** angegriffen. Die Form des Partizips entspricht dem zeitüblichen Sprachgebrauch.

4,6 **Magazine:** Vorratshäuser für Kriegsmaterial.

4,7 **Außenwerk:** kleinere Befestigung vor dem Hauptwall der Zitadelle.

4,12 **Haubitzenspiel:** Haubitzenkampf; Haubitze: größeres Geschütz, mit dem Kugeln und Granaten verschossen werden.

4,30 **Rotte:** Bande mit verbrecherischen Absichten; so noch 7,33. In 6,26 wird derselbe Begriff zur neutralen Kennzeichnung von Gruppen von Soldaten verwendet.

4,32 **Hülfe:** ältere Schreibweise für: Hilfe.

5,5 **verbindlichen:** höflichen.

5,5 f. **französischen Anrede:** Französisch war im 18. Jh. die gemeinsame Sprache des europäischen Adels.

5,9 **Hier –:** Die auffällige Interpunktion gibt einen deutlichen Hinweis auf die Tat des Grafen, obwohl diese selbst verschwiegen wird.

5,21 **reichte ihm seinen Degen dar:** Der freiwillige Verzicht auf das Statussymbol Degen ist eine Geste der Kapitulation.

5,27 **eines Detachements:** einer kleineren Gruppe von Soldaten mit besonderen Aufgaben.

5,29 **Forts:** Bezeichnung für die Zitadelle.

5,30 **Waffenplatz:** ein freier Platz vor der Zitadelle, der der Truppenaufstellung dient.

5,36 **Asiaten:** Diese Bezeichnung der russischen Soldaten betont hier ihre Wildheit und Unzivilisiertheit.

5,37 **Arsenälen:** Gemeint sind die Magazine; vgl. Anm. zu 4,6.

gefüllte Bomben: hohle Sprenggeschosse, die bereits mit Pulver gefüllt sind.

6,4 **Beihülfe:** Hilfeleistung.

6,11 f. **Obristlieutenant:** Oberstleutnant, eine Rangstufe unterhalb des Obristen.

6,12 **Jägerkorps:** militärische Einheit leicht bewaffneter Soldaten.

6,20 f. **die zerschossenen Rotten revidierte:** die Gruppen verwundeter Soldaten musterte.

6,23 f. **den er seinen Geschäften würde abmüßigen können:** für den er sich von seinem Dienst freimachen könnte.

6,25 **Rapporte:** militärische Berichte.

7,3 **zuvörderst:** zunächst.

7,6 **des Kaisers:** Der russische Zar Paul I. (1754–1801) kämpfte seit 1798 gegen Napoleon, verbündete sich jedoch 1800 mit ihm. Der Gebrauch des deutschen Titels »Kaiser« für den Zaren entspricht dem Sprachgebrauch der Zeit.

7,10 f. **Reverberen:** Lampen, deren Licht durch ein glänzendes Metall oder einen Spiegel reflektiert wird.

7,22 **Behältnis:** Raum, der als Gefängnis dient.

7,29 **Korps:** Unterabteilung einer Armee.

7,31–33 **sich der Frau Marquise ... gehorsamst empfehlen müsse:** höfliche Grußformel.

8,2 f. **Gefecht mit den feindlichen Truppen:** An der Trebbia fand in der Nähe von Piacenza vom 17. bis 19. Juni 1799 eine Schlacht statt.

8,23 **Monden:** Monate.

9,12 **Sensation:** sinnliche Empfindung.

9,14 f. **Phantasus ... Morpheus:** Traumgötter, bei Ovid (*Metamorphosen*) Söhne des Schlafgottes.

10,12 **Aufführung:** Betragen, Verhalten.

10,36 **Depeschen:** Eilschreiben, dienstliche Papiere.

11,1 f. **Konstantinopel ... St. Petersburg:** Beide Städte gehörten zum Gebiet der Koalition.
abgeordert: abkommandiert.

11,10 **sich ... gütig zu erklären:** die Güte zu haben, eine Entscheidung mitzuteilen.

11,16 f. **Verbindlichkeit:** moralische Verpflichtung.

11,35 ff. **zu großen Voraussetzungen berechtige:** auf großes Entgegenkommen hoffen lassen könne.

12,29 **heben:** beheben, beenden.

12,33 **General K ...:** Der russische General Korsakow hatte 1799 sein Hauptquartier in Zürich aufgeschlagen.

13,2 **von dieser Sache abzubrechen:** davon Abstand zu nehmen.

13,7 **General en Chef:** der oberste Befehlshaber einer militärischen Aktion.

13,30 **Expedition:** Beförderung.

nach Z...: In Zürich befand sich im Zweiten Koalitionskrieg das Hauptquartier des russischen Generals Korsakow.

13,31 **Hauptquartier:** Generalstab; Sitz des kommandierenden Generals und der höchsten Offiziere.

14,16 **Kassation:** entehrende Dienstentlassung.

obenein: zusätzlich.

15,3 **Domestikenstube:** Raum für das Dienstpersonal.

Adjutanten: Adjutant: Dienstgehilfe eines Offiziers.

15,13 **Portefeuille:** (frz.) lederne Mappe zum Transport von Schriftstücken; Brieftasche.

15,28 **gefälligst:** Höflichkeitswendung im Sinne von ›wenn es Ihnen beliebt‹.

15,35 **Gouverneur des Platzes:** militärischer Oberbefehlshaber des Ortes, dem der Graf als russischer Offizier untersteht.

15,37 **Abendtafel:** große Abendmahlzeit, Souper.

16,2 f. **Vorstellungen:** eindringliche Darlegungen.

16,6 **auf Kurierpferden gehenden:** bildlicher Ausdruck für: mit Nachdruck betriebenen.

16,21 **schließen:** gefangen setzen.

17,9 **Kot:** Schmutz.

17,12 **Thinka:** vermutlich eine Abkürzung der slawischen Koseform »Kathinka«, die sich von dem Namen »Katharina« (›die Reine‹) herleitet.

17,25 **Infame:** Unehrenhafte.

19,9 **sich anheischig mache:** verspreche, sich zutraue.

19,15 **hinterbringen:** überbringen.

19,35 **Jäger:** ein Diener in der Tracht eines Jägers oder ein leicht bewaffneter Soldat in Jägerkleidung.

19,36 **Prämien:** Kaution.

20,33 **entdeckte sich:** vertraute sich an.

20,36 **Zufälle:** Symptome von Unwohlsein.

21,7 **Diwan:** Liege.

21,29 f. **da er noch einen Handschuh, den er hatte fallen lassen, von der Erde aufnahm:** Der dem Gegner vor die Füße geworfene Fehdehandschuh ist ein Gestus der Provokation; hier nimmt die Marquise die Herausforderung des Arztes jedoch nicht an.

22,1 f. **Bewegung:** Erregung.

22,17 **Weib:** Entgegen dem verbreiteten negativen Sprachgebrauch drückt »Weib« im 18. Jh. sowohl in der Bibelsprache als auch in der vertrauten Rede an und über verheiratete Frauen durchaus Anerkennung und Wertschätzung aus.

22,20 f. **Konsulta:** beratende Gruppe.

22,24 f. **konvulsivischen:** krampfartig zuckenden; ebenso 41,13.

23,18 **Entwürdigung:** Entrüstung.

23,24 **Wochenlager:** Wochenbett; die Zeit (üblicherweise ungefähr 6 Wochen), die eine Frau nach der Entbindung im Bett verbringt.

25,19 **wüsten:** einsamen, unbewohnten.

25,21 **Korsar:** Seeräuber.

26,15 **Leumund der Welt:** öffentliche Meinung über die moralische Beschaffenheit einer Person.

27,13 **ein Pistol:** Die neutrale Form des Substantivs war im

18. Jh. neben der femininen Form (vgl. 40,12) gebräuchlich.

27,25 f. **Zurücklassung und Überlieferung der Kinder:** Dies würde die Übertragung der elterlichen Rechte an den Kommandanten, den Großvater der Kinder, bedeuten.

29,15 **Intelligenzblätter:** regelmäßig erscheinende lokale Nachrichten- und Anzeigenblätter.

31,16 **sich loswickelte:** sich aus der Umarmung befreite.

31,32 f. **Ich will nichts wissen:** formelhafte Wendung mit der Bedeutung ›ich will davon nichts hören‹. Ebenso heißt es später von der Marquise: »sie [...] wollte durchaus von Vermählung nichts wissen« (45,34 f.). Die Stelle lässt sich aber auch so verstehen, als würde da ein ›Wissen‹ zugleich eingestanden und abgewehrt.

32,14 **öffentlichen Tafel:** Mahlzeit in einem Gasthaus.

32,28 **eingerückt:** abgedruckt; in den Schriftsatz der Zeitung eingefügt.

34,29 **Cherub:** Engel.

34,34 **Fabel:** hier: Lügengeschichte.

35,34 f. **abgefeimteste:** durchtriebenste.

36,13 **Maßregel:** Anweisung.

37,3 **öffentlichen Blättern:** Zeitungen.

37,31 f. **von allen Forderungen ... entblößt:** sozial so gestellt, dass er die Voraussetzungen für eine Heirat mit der Marquise nicht erfüllt.

37,37–38,1 **sich ... verschrieb:** durch briefliche Bestellung zu seinem Dienst verpflichtet hat.

39,2 f. **Unsträflichkeit:** Unschuld.

39,9 **dein pflegen:** dich pflegen.

39,28 **Vorahndung:** Vorahnung.

39,36 **Thomas:** Nach Joh. 20,24–29 gibt der Jünger Thomas

seine Zweifel an der Auferstehung Jesu erst auf, als er einen physischen Beweis dafür hat; daher die sprichwörtliche Wendung »ungläubiger Thomas«.

39,37 **Seigerstunde:** Stunde; *Seiger* bezeichnet eine Uhr.

40,31 **dir abbitten:** dich um Verzeihung bitten.

43,25 **eilf:** elf.

44,1 **Kriegsrock:** Uniform.

44,13 **Wetterstrahl:** Blitz.

45,5 **Furie:** Rachegöttin.

46,10 f. **Heiratskontrakt:** Heiratsvertrag.

46,30 **Gräfin:** Mit der Hochzeit hat die Marquise Titel und Rang ihres Ehemannes übernommen.

47,5 f. **Teppichen:** Zierdecken.

47,11 f. **Rubel:** russische Silbermünzen.

47,14 f. **Veranstaltung:** Veranlassung.

6. Interpretation

Die Novelle *Die Marquise von O...*, die unter vielerlei
Aspekten interpretiert werden kann, soll im Folgenden
vor allem unter zwei Gesichtspunkten analysiert werden:
als Geschichte einer Emanzipation und als Geschichte einer Verdrängung.

Die Marquise von O... als Geschichte einer Emanzipation

Chronologisch gesehen beginnt die Erzählung mit dem
Überfall russischer Truppen auf die Zitadelle, die der Vater
der Marquise, der Obrist von G..., zu verteidigen hat. Aus
der Geborgenheit und Obhut des Elternhauses urplötzlich
herausgerissen, wird die Marquise von wütenden Soldaten
beinahe vergewaltigt und dann vom Grafen F... in letzter
Minute »gerettet«. Schließlich kehrt alles, wenn auch nur
vorübergehend, in die alte und gewohnte Ordnung zurück,
gestört nur durch die Tatsache, dass die
Marquise nach einiger Zeit wiederholt von
Unpässlichkeiten in Form von Übelkeit,
Schwindel und Ohnmachten heimgesucht
wird, sodass ihr der Gedanke kommt, sie sei
schwanger, was sie jedoch als völlig abwegig von sich weist.

Unpässlichkeiten und andere Verlegenheiten

Kurz darauf erscheint der bereits totgeglaubte Graf F...,
um sich vieldeutig nach dem Befinden der Marquise zu er-
kundigen und ihr einen Heiratsantrag zu machen. Auf die
Frage, was die Marquise denn von dem Grafen halte, antwortet diese »mit einiger Verlegenheit: er gefällt und miss-

fällt mir; und berief sich auf das Gefühl der anderen« (18).
Dies zeugt zunächst nicht gerade von großer Selbstständigkeit.

Warum ist die Marquise verlegen? Sie verweist – trotz der
von allen anerkannten »außerordentlichen« und »vortreff-
lichen Eigenschaften« (18) des Grafen – auf ihren vormali-
gen Entschluss, sich nicht mehr zu vermählen, wobei sie
kurz darauf wieder ins Wanken gerät. Als die Obristin nach-
hakt, antwortet die Marquise, dass sie, falls die Wünsche des
Grafen tatsächlich »so lebhaft scheinen, diese Wünsche – sie
stockte, und ihre Augen glänzten, indem sie dies sagte – um
der Verbindlichkeit willen, die ich ihm schuldig bin, erfül-
len« (18) würde. Das Stocken der Sprache und der Glanz in
ihren Augen verraten mehr als Worte.

Alsbald stellen sich die Unpässlichkeiten und Kränklich-
keiten der Marquise mit neuer Heftigkeit ein. Die Aus-
kunft des herbeigeholten Arztes und der Hebamme lassen
keine andere Einschätzung zu: Die Marquise ist schwanger, kann sich dies aber nicht erklären. Das Bewusstsein,
sich keinen Fehltritt vorwerfen zu müssen, kollidiert in
nicht mehr zu überbietender Weise mit dem Faktum der
Schwangerschaft. Ihr Horizont der gesellschaftlichen Ordnung und ihre Bindung an die Moralvorstellungen ihrer
Familie erlauben es ihr nicht, das Geschehene sich auch
nur vorzustellen.

Schließlich verstößt sie der Vater, weil er glaubt, seine
Tochter mache ihm etwas vor, und will ihr auch noch die
Kinder wegnehmen. Die Marquise ist am Tiefpunkt ihres
Lebens angekommen. Sie ist, salopp gesagt, mit den Nerven
am Ende.

Gerade in dieser zugespitzten Situation wagt sie es, sich
ihrem Vater zu widersetzen. Überzeugt, dass sie ihre Fa-

milie nicht von ihrer Unschuld überzeugen kann, entscheidet sie sich schließlich für den »helden-
mütigen Vorsatz […], sich mit Stolz gegen die
Anfälle der Welt zu rüsten« (28). Sie spricht
von einem »Sieg«, den sie »durch die Kraft
ihres schuldfreien Bewusstseins« (28) errungen habe.
»Immer wieder in Kleists Dramen und Erzählungen ereig-
nen sich solche Prozesse der Selbstfindung durch existenti-
elle Herausforderungen.«[28]

Heldenmütige Vorsätze

»Durch diese schöne Anstrengung mit sich selbst bekannt gemacht, hob sie sich plötzlich, wie an ihrer eigenen
Hand, aus der ganzen Tiefe, in welche das Schicksal sie
herabgestürzt hatte, empor« (27). Sie gelangt zu großer
Selbstzufriedenheit und zu einer ganz neu-
en Form von Selbstbewusstsein und Selbstständigkeit. »In der existentiellen Bedro-
hung der Extremsituation, die sie ganz auf
sich selbst zurückwirft, erfährt sich die Marquise als zum selbständigen Handeln befähigt, und diese
Selbsterfahrung führt sie zum *Bewußtsein* der Selbstän-
digkeit.«[29]

Selbsterfahrung und Selbstbewusstsein

Die Marquise nimmt sich schließlich ein Herz und fasst
den mutigen Entschluss, jene Annonce in die Zeitung setzen zu lassen, die die Novelle so fulminant eröffnet. Sie
wagt das gänzlich Undenkbare und stellt damit nicht nur
ihre Eltern und ihren eigenen guten Ruf, sondern auch in
brüskierender Weise die Reputation ihres Standes in Frage. Die Meinung anderer, die ihr vorher noch so wichtig
war, scheint sie nicht mehr zu interessieren. Dies markiert
einen entscheidenden Wendepunkt im Zentrum der Erzählung und im Leben der Marquise. Die Kleistinterpre-
ten sind sich darin einig, dass Kleist mit der *Marquise*

von O... »die *Geschichte einer weiblichen Emancipation*«[30] schreiben wollte.

Dies alles erinnert sehr stark an Kleists eigenen Lebensweg. Auch er musste sich gegen die Vorstellungen und Zumutungen seiner Familientradition und deren Wertvorstellungen durchsetzen und erlebte dabei viele Enttäuschungen. Auch er fasste »heldenmütige« Vorsätze, sich immer wieder neu den Herausforderungen des Lebens und der Gesellschaft zu stellen, um sich dann auch wieder in sein Inneres oder in die Idylle seines Schweizer Refugiums zurückzuziehen. Auch ihm ging es, und dies ein Leben lang, im Kontrast zur Fremdbestimmung durch Militär und gesellschaftliche Herkunft um die Gewinnung von Selbstständigkeit und Selbstbestimmung. Er hat in der *Marquise von O...* auch für sich selbst die »schöne Anstrengung« beschrieben, »die einen mit sich selbst bekannt macht und Kraft zur sanften Selbstbehauptung gegen eine ganz feindliche und von aberwitzigen Zufällen beherrschten Welt gibt«[31].

Einschränkend muss jedoch gesagt werden, dass die »schöne Anstrengung«, die die Marquise »mit sich selbst bekannt gemacht« hat (27), nicht lange anzuhalten scheint, denn unmittelbar anschließend gibt sie sich »ganz unter der großen, heiligen und unerklärlichen Einrichtung der Welt gefangen« (28) und zieht sich in die Idylle ihres Landsitzes zurück. Zudem hat man den Eindruck, dass die Marquise, bevor sie zu sich selbst findet, gar nie auf der Suche nach sich selbst gewesen war. Kein Wunder also, dass ihre Selbstfindung noch auf unsicheren Füßen steht.

Die Marquise von O... als Geschichte einer Verdrängung

Die Geschichte der emanzipatorischen Entwicklung der Marquise zu einer selbstständigen Frau ist jedoch nur der eine Strang in der Novelle. Zu klären bleibt, warum die Marquise überhaupt in diese Lage kommen konnte, die sie in ihrer ausweglosen Widersprüchlichkeit fast in den Wahnsinn treibt.

Warum kann sich die Marquise, Mutter von zwei Kindern, ihre Schwangerschaft nicht erklären? Als sie sich in Gedanken, »gegen sich selbst misstrauisch« geworden, alle Momente des vergangenen Jahres zurückruft, kommt sie in eine gewaltige Gefühlsverwirrung, »wenn sie an den letzten dachte« (22). Kleist bzw. der Erzähler verrät nicht, um welchen Moment es sich dabei handeln könnte, der Leser wird jedoch hellhörig. Weiß die Marquise doch etwas? Hat sie einen Verdacht? Einige Seiten weiter wird die Marquise den Grafen, der »von ihrer Unschuld völlig überzeugt« ist, mit barschen Worten abweisen (»Hinweg! rief die Marquise«,

»Lassen Sie mich!«, »Lassen Sie mich augen-
blicklich!«) und schließlich mit den Worten
»Ich *will nichts* wissen« von sich stoßen (31).

»Ich will nichts wissen!«

Wenn jemand, noch dazu in so heftiger, zurückweisender und apodiktischer Art sagt »Ich *will nichts* wissen«, dann will er eigentlich sagen: Ich will davon nichts hören. Oder er will sagen: So *genau* will ich es nicht wissen. Er weiß im Grunde, worum es geht, er hat zumindest eine tief sitzende Ahnung. Sein Wille sträubt sich noch gegen das Wissen, aber sein Unterbewusstsein weiß genau, was verdrängt werden soll. Deswegen wehrt sich das Bewusstsein ja so heftig.

Kleist hat diesen Verdrängungsprozess treffsicher und bis ins Kleinste in all seinen Schritten, vor allem in den Szenen mit dem Arzt und der Hebamme, dargestellt. Die Marquise nötigt den Arzt, sich auf dem Diwan niederzulassen und eröffnet ihm »scherzend, was sie von sich glaube« (21). Der Arzt antwortet ihr, nachdem er sie genau untersucht hat, dass sie »ganz richtig urteile« (21): sie sei schwanger. Obwohl die Marquise selbst davon ausging, dass sie schwanger ist, spricht sie dennoch von einer Beleidigung, die sie ihrem Vater melden werde. Und sie antwortet der Mutter auf die Frage, ob sie denn »an die Möglichkeit eines solchen Zustandes glaube? Eher, [...] dass die Gräber befruchtet werden, und sich dem Schoße der Leichen eine Geburt entwickeln wird!« (22). Aber sie weiß auch, dass ihr eigenes, ihr als Frau von zwei Kindern »nur allzu wohlbekanntes Gefühl« gegen sie spricht und dass es mit dem Urteil des Arztes »seine Richtigkeit« (22) hat. Dennoch fragt sie nach den Gründen, warum der Arzt sie auf eine »so mutwillige und niederträchtige Art zu kränken« (22) versucht habe. Der Arzt hat nur gesagt, was sie doch schon weiß, nämlich dass sie schwanger ist. An einen Irrtum zu glauben wäre widersinnig. Warum also Kränkung? So sagt die Obristin schließlich, und zwar »ein wenig spitz«: »gleichwohl muss es doch notwendig eins oder das andere gewesen sein« (23). »Ja!«, antwortet die Marquise, »hochrot im Gesicht glühend« (23). Die Körpersprache verrät, wie so oft bei Kleist, was die Tochter vor sich und der Mutter nicht zugeben kann.

Die Marquise ist sich natürlich bewusst, dass, wenn sie die Schwangerschaft zugibt, auch über die Zeugung zu reden sein wird. Dies erschwert den Fall erheblich. Hier zeigt uns Kleist nochmals die Macht der Verdrängung. Die Marquise

Verdrängungs-mechanismen

antwortet ihrer Mutter: »Ich schwöre, weil es doch einer Versicherung bedarf, dass mein Bewusstsein, gleich dem meiner Kinder ist; nicht reiner, Verehrungswürdigste, kann das Ihrige sein« (23). Gleichwohl, und hier wird der Verdrängungsmechanismus bereits wieder brüchig, gleichwohl bittet sie, nach einer Hebamme zu rufen, damit sie sich »von dem, was ist, überzeuge, und gleichviel alsdann, *was* es sei, beruhige« (23). Schon die unbestimmte, ausweichende Wortwahl (»was ist«, »was es sei«) verrät, dass hier etwas verdrängt wird.

Kein Wunder, dass die Geduld der Obristin am Ende ist, sie die Sprache verlässt und dass die Marquise befürchtet, wahnsinnig zu werden. Diese Diskrepanz, gepaart mit der aufzubringenden Verdrängungsenergie, ist nicht mehr auszuhalten. Dennoch schwört die Marquise nochmals »voll Pathos« (24), dass sie ihrer Mutter nichts verschwiegen habe, und zugleich hält sie daran fest, dass sie ihrer Sinne mächtig sei und ihr »innerliches Gefühl« (24) sie nicht trüge. Sie weiß auch, die Hebamme wird bestätigen, »dass das Entsetzliche«, die Marquise »Vernichtende, wahr ist« (24). Mit letzter Kraft klammert sie sich an die Vorstellung, dass die Hebamme entgegen aller Indizien sagen könnte, »dass es nicht wahr ist« (25). Spannungsreicher ist eine Verdrängungsgeschichte selten beschrieben worden, und dies ein Jahrhundert vor Sigmund Freud.

Die Marquise weiß, dass sie schwanger ist, sie weiß im Grunde auch, wann es, in welchem Moment des vergangenen Jahres, zu der Zeugung des Kindes kam. Warum aber wehrt sie sich gegen diesen sich aufdrängenden Gedanken? Sie könnte doch froh sein, einen Mann gefunden zu haben, für den sich ihr Gefühl und ihre Zuneigung bereits ausgesprochen haben (vgl. 18). Was ist es also, das sie

nicht wahrhaben will, das sie mit so großem Kraftaufwand verdrängt?

Die Szene mit der Hebamme hat es gleichfalls in sich. Lako-
nisch und ironisch überspitzt schildert Kleist eine Situation,
die der Komik nicht entbehrt. Die Marquise schwört wie-
derum, »dass sie sich tugendhaft verhalten habe« (25). Die
Hebamme, offensichtlich eine Frau, die mit beiden Beinen
in der Wirklichkeit steht und aus einem großen Erfahrungs-
schatz schöpfen kann, kommt ohne Um-
schweife zur Sache. Sie spricht von »jungem   *Arglist der Welt*
Blut und der Arglist der Welt« (25) und macht
deutlich, dass dergleichen Fälle ihr schon vorgekommen
seien; die »jungen Witwen«, die in eine ähnliche Lage ge-
kommen seien, »meinten alle auf wüsten [einsamen] Inseln
gelebt zu haben« (25). Sie versichert der Marquise zum Ab-
schluss noch, »dass sich der muntere Korsar, der zur Nacht-
zeit gelandet, schon finden würde« (25). Bei diesen Worten,
die das mühsam aufgerichtete Gefühls- und Gedankenge-
bäude der Marquise vollends zum Einstürzen bringen müssen, weil sie der Wirklichkeit schon ziemlich nahe kommen,
fällt diese in Ohnmacht, um dann in einer letzten Verzweif-
lungstat die Hebamme zu fragen, ob es denn »die Möglichkeit einer unwissentlichen Empfängnis« (26) gebe. Dies ist
der letzte Strohhalm, nach dem sie greift: Es könnte ja sein,
dass die Zeugung ohne ihr Wissen geschehen ist. Darauf
kann die Hebamme nur lächeln und antworten, »dass dies,
außer der Heiligen Jungfrau, noch keinem Weibe auf Erden
zugestoßen wäre« (26). Auch hatte die Marquise zuvor
schon und vorsichtshalber, wohl um überhaupt noch ernst
genommen zu werden, einfließen lassen, dass sie »wissent-
lich empfangen« (26) habe.

Die Marquise wird nun von den Eltern verstoßen, weil sie glauben, ihre Tochter wolle sie arglistig täuschen bzw. zum Narren halten. Sie zieht sich auf den idyllischen Landsitz der Familie zurück, um »in der Gartenlaube […] kleine Mützen, und Strümpfe für kleine Beine« (28) zu stricken. Man möchte meinen, dass sich damit nun auch für sie die näheren Umstände der Zeugung geklärt haben, doch dem ist nicht so. »Immer noch sträubte sie sich, mit dem Menschen, der sie so hintergangen hatte, in irgendein Verhältnis zu treten: indem sie sehr richtig schloss, dass derselbe doch, ohne alle Rettung, zum Auswurf seiner Gattung gehören müsse, und, auf welchem Platz der Welt man ihn auch denken wolle, nur aus dem zertretensten und unflätigsten Schlamm derselben, hervorgegangen sein könne« (29).

Es kann sich hier eigentlich nur um eine Projektion handeln, um den Versuch, das ganze Geschehen allein einer fremden, unbekannten Person zuzuschreiben, und diese muss dann notgedrungen in den dunkelsten Farben gezeichnet werden. Umgekehrt glaubt die Marquise weiterhin von sich, »dass sie in der größten Unschuld und Reinheit empfangen« (28) habe. Den Akt der Empfängnis und das Bemühen des Grafen, sie zu ehelichen, bringt sie noch nicht zusammen. Sie will davon nichts wissen, sperrt sich mit aller Vehemenz gegen diese Einsicht. Mit »verstörter Beeiferung« (31 f.) wirft sie, als der Graf sie überraschenderweise auf ihrem Landsitz aufsucht, den Türriegel vor ihm ins Schloss. Trotz ihrer Zeitungsannonce, in der sie ja bekundet hat, den Vater des Kindes aus Familienrücksichten zu heiraten, verschließt sie sich ausgerechnet dem Grafen, dem alle so viel Sympathie entgegenbringen.

Gegen jede Einsicht

Nachdem sich die Obristin durch einen Trick von der

Unschuld ihrer Tochter überzeugt hat, genauer gesagt, sich davon überzeugt hat, dass ihre Tochter über den Mann, von dem sie ein Kind erwartet, nichts Konkretes weiß, kommt es zu der schon beschriebenen Versöhnungsszene. Doch die Geschichte der Verdrängung ist damit noch nicht vorbei. Die Marquise samt Vater, Mutter und Bruder warten nun, wer am angegebenen Zeitpunkt vorstellig werden würde. Sie sind sich alle einig, dass, »falls die Person nur von einiger Erträglichkeit sein würde« (42), »unbedingt« eine Vermählung erfolgen solle. Auch die Marquise »schien willens, in jedem Falle, wenn die Person nur nicht ruchlos wäre, ihr gegebenes Wort in Erfüllung zu bringen, und dem Kinde, es koste was es wolle, einen Vater zu verschaffen« (43). Umso überraschender ist ihre Reaktion, als der Graf nun auftaucht.

»Verschließt die Türen! Wir sind für ihn nicht zu Hause« (43), ruft die Marquise und glaubt »vor Verwirrung in die Erde zu sinken« (44). Wen hat sie denn erwartet? – »nun? doch ihn nicht –« (44), ruft sie in höchster Erregung. Warum kann sie diese Wendung der Dinge, selbst wenn sie diese so nicht erwartet haben sollte, nicht freudig akzeptieren? Die Marquise weist den Grafen mit einem dreimaligen »gehn Sie!« (44) zurück; »auf einen Lasterhaften« war sie gefasst, »aber auf keinen – – – Teufel!« (44). Was die drei Gedankenstriche konkret meinen, wird nicht gesagt. Sie erinnern jedoch an den Gedankenstrich vom Anfang der Novelle (5), der die Vergewaltigung der Marquise durch den Grafen zum Ausdruck bringt. Die Marquise blickt »mit tötender Wildheit«, hierin an die Penthesilea erinnernd, auf den Grafen – »eine Furie blickt nicht schrecklicher« – und greift, wie bei einem Exorzismus, nach dem

Zurückweisung und Heirat

Weihwasser. »Diesem Mann, Vater, […] kann ich mich nicht vermählen!« (45).

Der Graf steht »wie vernichtet« (45), doch die Obristin und ihr Mann retten die Situation, indem sie kurzerhand die Hochzeit für den nächsten Tag ansetzen, auch wenn die Marquise von einer Vermählung nichts wissen will und auf die Frage, was ihr den Grafen denn so gehässig erscheinen lasse, nichts zu antworten weiß. Die Eltern formulieren über den Kopf ihrer Tochter hinweg einen Heiratskontrakt, in welchem der Graf auf alle Rechte eines Gemahls verzichten muss. Nach der Hochzeit verschwindet der Graf auch sogleich und bezieht für mehrere Monate im Ort eine Wohnung, »ohne auch nur den Fuß in des Kommandanten Haus zu setzen« (46). Gerade, dass er noch zur Taufe seines Sohnes eingeladen wird. Er übergibt seinem Neugeborenen eine großzügige Schenkung und setzt die Marquise in seinem Testament als Erbin seines ganzen Vermögens ein. »Von diesem Tage an ward er […] öfter eingeladen; das Haus stand seinem Eintritt offen« (47). Er hat das Gefühl, dass ihm »um der gebrechlichen Einrichtung der Welt willen, verziehen sei« (47). Er wirbt erneut um die Marquise, die nun durch die Heirat Gräfin geworden ist, und erhält, »nach Verlauf eines Jahres, ein zweites Jawort von ihr, und auch eine zweite Hochzeit ward gefeiert, froher, als die erste« (47). Die Novelle schließt mit dem berühmten, vieldeutigen Passus, um den sich schon viele Interpreten bemüht haben: Auf die Frage des Grafen, warum die Marquise damals, »da sie auf jeden Lasterhaften gefasst schien«, vor dem Grafen »gleich einem Teufel, geflohen wäre«, antwortete diese, »indem sie ihm um den Hals fiel: er würde ihr damals nicht wie ein Teufel erschienen sein, wenn er ihr nicht, bei seiner ersten Erscheinung, wie ein Engel vorgekommen wäre« (47).

Warum weigert sich die Marquise so vehement, den Grafen zu heiraten und mit ihm zusammenzuleben? Kleist beschreibt den Grafen trotz der »einzige[n] nichtswürdige[n] Handlung, die er in seinem Leben begangen« (12) habe, als liebenswerten Menschen. Er ist ein einnehmender, nobler Mensch, sieht gut aus, ist »schön, wie ein junger Gott« (9), wird von allen geschätzt; er hat seine abscheuliche Tat bereut und war bereit, dafür Sühne zu tun, und er hat alles ihm Mögliche getan, um seine Tat wieder gutzumachen. Er liebt die Marquise über alle Maßen, sein Stand als Graf und seine finanziellen Verhältnisse sprechen ebenfalls für ihn. Sicherlich, die Vergewaltigung wird die Marquise nicht vergessen können, und der Graf war der Übeltäter, indem er ihre Situation damals bei dem Überfall auf die Zitadelle schamlos ausgenützt hat. Er wird sie ein Leben lang an dieses Geschehen erinnern. Aber vielleicht kommt noch etwas hinzu, das es der Marquise so schwer macht, über dieses traumatische Geschehen hinwegzukommen, etwas, das auch die außerordentliche Vehemenz

Vehementer Widerstand

ihres Widerstandes erklären könnte. Vielleicht ihr eigener Anteil an dem, was geschehen ist?

»In Ohnmacht! Schamlose Posse! Sie hielt, weiß ich, die Augen bloß zu«[32], schreibt Kleist 1808 im April/Mai-Heft des *Phöbus* in einem kurzen Epigramm über die Marquise von O... Das heißt offensichtlich, dass sie nicht nur willenloses Opfer einer Vergewaltigung war, sondern zumindest ahnungsweise mitbekommen hat, was mit ihr geschehen ist und dass sie sich nicht dagegen gewehrt hat. Dieser Gedanke ist ihr so unerträglich, dass sie ihn nicht zulassen kann, ihn mit allen ihr zukommenden Kräften vor sich selbst verdrängen muss. Sie braucht nach der offiziellen

Hochzeit noch ein ganzes Jahr, bis sie das Geschehen und ihren Anteil daran in seiner ganzen Dimension in ihr Leben einordnen kann. Die Zeit heilt bekanntlich manche Wunden, so auch diese, könnte man sagen. Doch solch traumatische, schambesetzte Erlebnisse brauchen besonders lange, bis sie verarbeitet sind, was aus der Psychotherapie eingehend bekannt ist. Insbesondere einer »Dame von vortrefflichem Ruf« (3) muss dies schwer fallen. Es dauert seine Zeit, bis ein solcher Verdrängungsprozess wieder aufgelöst ist. Die Marquise muss also nicht nur mit dem Grafen, ihrem Vergewaltiger, ins Reine kommen, sie muss vor allem und sehr schmerzlich auch mit sich selbst ins Reine kommen.

Es wäre also zu kurz gegriffen, wenn man den Umschwung der Marquise allein auf die Schenkung und das Testament zurückführen würde. Nein, auch sie muss – viel weiter greifend – ihr Verhältnis zur »gebrechlichen Einrichtung der Welt« (47), zu der eben auch sie selbst gehört, neu ordnen, was immer auch heißt, sie muss lernen, die Zweideutigkeiten und Widersprüchlichkeiten des Lebens auszuhalten. Die Welt ist unvollkommen, mangel- und fehlerhaft, verwirrend und abgründig und gibt zu vielen Befürchtungen Anlass, doch sie führt nicht unbedingt in die Katastrophe, – vor allem dann nicht, wenn man ihre Gebrechlichkeit erkannt und in sein Denken und Leben mit einbezogen hat.

Gebrechliche Einrichtung der Welt

Die Auseinandersetzung mit der Familie und insbesondere mit der väterlichen Autorität hat die Marquise »mit sich selbst bekannt gemacht« und sie »aus der ganzen Tiefe, in welche das Schicksal sie herabgestürzt hatte« (27) emporgehoben. Nun musste sie sich noch mit einer weiteren Seite ihrer Existenz bekannt machen. Die Auseinandersetzung mit der ganzen und schwierigen Komplexität der Vergewaltigung kann nun jedoch ein zweites Mal zu ihrer Identitätsfindung beitragen. Beides, der Akt der noch zaghaften Emanzipation innerhalb des Familienverbandes sowie die innere Bereitschaft, Verdrängungen und Projektionen aufzulösen, geben der Marquise letztlich das Selbstbewusstsein und die Ichstärke, ihr Leben so zu sehen wie es ist. Sie ist kein »Engel« und keine »Überirdische«, wie die Mutter noch in der Versöhnungsszene (38) meint, aber auch der Graf ist weder Engel noch Teufel. Er ist ein Mensch, der wie jeder Mensch zu vielem

Weder Engel noch Teufel

fähig ist. Deshalb heißt es im Text auch, dass der Graf ihr wie ein Teufel »erschienen« bzw. wie ein Engel »vorgekommen« sei. Er *ist* es nicht, weder das eine noch das andere, er *erscheint* der Marquise nur so, weil sie ihn so sehen will, ja vielleicht so sehen muss. Es gilt also für die Marquise, sowohl bei dem Grafen als auch bei sich selbst die natürlichen Realitäten des Menschlichen in all ihren Möglichkeiten – guten und schlechten – anzuerkennen. Der Graf ist nicht einfach ein Triebverbrecher, er ist auch ein Mensch, der zur Reue, Scham und Wiedergutmachung fähig ist. Er erschien der Marquise offensichtlich im Feuersturm der Eroberung der Zitadelle nicht nur als Retter und Engel, sondern auch wohl als Mann, der ihre über Jahre verleugnete Weiblichkeit wieder erweckte, ein Gefühl, dem sie in diesem aufgeheizten Augenblick nur ihre Ohnmacht entgegensetzen konnte.

»Die Erzählung macht deutlich, daß für die Frau die ungeheuerliche Tatsache, schwanger zu sein, ohne sich einem Mann hingegeben zu haben, leichter erträglich ist als die Erfahrung, daß der Engel zugleich ein Teufel ist. Erst hier droht ihr die psychische Zerrüttung. Vorher hielt sie sich in großartigem Schwung an das Gefühl der Unschuld, das sie sogar dem Schuldspruch des eigenen Körpers gegenüber aufrecht zu erhalten vermochte. Jetzt geht der Riß durch ihr innerstes Wissen, durch das Gefühl selbst.«[33] Hier muss also eine radikale Lösung gefunden werden.

Lasterhaftigkeit wäre für die Marquise noch zu ertragen gewesen, aber sie braucht in ihrer seelischen Not die Dämonisierung des Grafen zum Teufel, um das Unerträgliche, und dazu gehört eben auch ihr Anteil am Geschehen, von sich abzuspalten und zu verdrängen. Der Graf soll und darf nur noch Teufel sein, das aber in seiner ganzen Radikalität. Einen Lasterhaften, einen Teufel kann man vielleicht gefühlsmäßig ›wegschieben‹, einen Menschen, der gefehlt und bereut hat, jedoch nicht so ohne weiteres, zumal wenn man seinen eigenen Anteil an der Verfehlung dann zugeben muss.

Häufig sind bei Kleist seine Heldinnen nicht ganz schuldlos am Geschehen, »ohne darum im gewöhnlichen Sinne schuldig zu sein«[34]. Er zeigt an ihnen mit großer Souveränität die ganze Spannweite menschlicher Existenz. Was uns hier der Aufklärer Kleist mustergültig und mit viel Scharfsinn vorführt, ist nichts anderes als eine detaillierte »psychologische Analyse von Wahnbildungen« samt der »Aufdeckung ihrer Genese«[35]. Denn ohne diese können solche verzerrten Wahrnehmungen und Projektionen nicht überwunden werden.

Psychoanalyse und Sadismus

Kleist schont seine Titelfiguren nicht. Er erspart ihnen bei der Suche nach der Wahrheit über sich selbst nichts, jagt sie durch Höhen und Tiefen. Sie haben so einiges durchzumachen. Peter Staengle spricht sogar davon, dass Kleists Erzählungen »einem ins Ästhetische gewendeten Sadismus entspringen«[36]. Betrachtet man Kleists eigenes Leben, so wäre es sicherlich angemessen, auch von Masochismus zu sprechen. Er hat nicht nur ›Lust‹, seine literarischen Figuren zu quälen, er quält auch sich selbst, indem er offensichtlich – ähnlich wie Kafka – beim Schreiben viele seiner eigenen traumatischen Erfahrungen wieder aufleben läßt, um sie auf diese Weise zu verarbeiten.

Vergessen werden darf dabei natürlich nicht, dass gerade die Sexualität, und darum geht es ja, beide Teile in sich birgt: das Himmlische und das Teuflisch-Abgründige. Die Extreme und das Exzessive gehören gewissermaßen zur Sexualität, die dann eben oft verleugnet bzw. verdrängt oder gar als teuflisch bekämpft werden. Kleist ist hier schon ganz auf der Linie Sigmund Freuds. Er weiß offensichtlich »um die dämonischen Schichten der menschlichen Seele. Er schließt Bereiche auf, die die bür-

Dämonische Schichten

gerliche Gesellschaft entweder gänzlich verleugnet oder in wildem Protest teuflisch nennt«[37]. Die durch die Sexualität ausgelöste »Widersprüchlichkeit, die Spannweite menschlicher Leidenschaft im Guten wie im Bösen«[38] wird auch in der folgenden kurzen Szene deutlich: Der Graf erzählt von seiner Wundfiebervision, in der er die Marquise mit einem Schwan verwechselte, den er schon als Knabe mit Kot beworfen habe, »worauf dieser still untergetaucht, und rein aus der Flut wieder emporgekommen sei« (17). Zu dieser Verbindung von Schmutz und Reinheit kommt dann noch die elementare Assoziation der »feurigen Fluten«, auf denen die Marquise »umhergeschwommen« sei, und das Bild des »In-die-Brust-sich-Werfen[s]« (17). Dies also ist die andere Schicht in der Seele der Marquise, »die sie aber seit dem Tod ihres Mannes verleugnet hat; sie versucht, sich den ›feurigen Fluten‹ und dem ›In-die-Brust-Werfen‹ zu verschließen«[39]. Sie verschloss sich den »dämonischen« Kräften der Sinnlichkeit und der Sexualität, wobei sie als dämonisch nur erscheinen, weil sie so lange und vehement verdrängt wurden. Und so wird auch am Schluss, »in einer glücklichen Stunde« (47), als sich schließlich alle diese Blockaden gelöst haben, der so leicht dahingesagte, überraschend humorvolle Satz verständlich: »Eine ganze Reihe von jungen Russen folgte jetzt noch dem ersten« (47). Nun darf wieder unverkrampft über Liebe und Sexualität gesprochen werden. Die Erleichterung ist im Schlussabsatz deutlich zu spüren. Gerade hier wird nochmals Kleists analytischer, man könnte geradezu sagen psychoanalytischer Sinn für menschliche Seelenstrukturen deutlich, und zugleich seine Feinfühligkeit und Sensibilität, mit der er diese Tiefenschichten aufzudecken und darzustellen weiß.

7. Autor und Zeit

»Heinrich von Kleist, ein Sproß der märkischen Junker- und Offiziersfamilie derer von Kleist, war ein junger Mann mit einem Kindergesicht und von sonderbarem, wenig einnehmendem Gebaren. Melancholisch, finster, einsilbig, freier Rede unfähig, zum Teil wohl eines Fehlers wegen im Sprachorgan, der, wenn er sich einmal in geistige Gespräche mischte, seinen Äußerungen eine unangenehme Härte verlieh, wurde er sehr leicht von Verlegenheit befallen, stotterte, errötete und zeigte in Gesellschaft fast stets ein unnatürlich verzerrtes, peinlich gezwungenes Wesen.«

Mit diesen Worten läßt Thomas Mann seinen Essay über *Heinrich von Kleist und seine Erzählungen* beginnen, und er fährt fort: »Er war einer der größten, kühnsten, höchstgreifenden Dichter deutscher Sprache, ein Dramatiker sondergleichen, – überhaupt sondergleichen, auch als

Ein Dichter sondergleichen

Prosaist, als Erzähler, – völlig einmalig, aus aller Hergebrachtheit und Ordnung fallend, radikal in der Hingabe an seine exzentrischen Stoffe bis zur Tollheit, bis zur Hysterie, – allerdings tief unglücklich, mit Ansprüchen an sich selbst, die ihn zermürbten, um das Unmögliche ringend, von psychogenen Krankheiten niedergeworfen alle Augenblicke und zu frühem Tode bestimmt: Nur fünfunddreißig Jahre[40] wurde er alt, da tötete er sich, zusammen mit einer Frau, die er nicht etwa liebte, sondern mit der, einer unheilbar Kranken, ihn nur der Wille zum Tode verband, – tötete sich, weil es, wie er sagte, ›auf dieser Erde für ihn nichts mehr zu erlernen oder zu erwerben gab‹, tötete sich, müde seiner Unvollkommenheit, aus metaphysischer Sehnsucht, das Bruchstückhafte seiner Individuation ins All zu werfen, damit es vielleicht eine höhere Vollkommenheit daraus schaffe.«[41]

Bernd Heinrich Wilhelm von Kleist wurde am 10. oder 18. Oktober 1777 als Sohn des Bataillonschefs Joachim Friedrich von Kleist (1728–88) und Juliane Ulrike von Kleist, geborene Pannwitz (1746–93), in Frankfurt an der Oder[42] geboren. Heinrich von Kleist ist das dritte von fünf Kindern aus der zweiten Ehe des Vaters. Aus der ersten Ehe stammen zwei Töchter, die eine ist Ulrike Kleist (1774–1849), die später Kleists wichtigste Bezugsperson und Vertraute sein wird.

Kleist entstammt einem der großen preußischen Offiziersgeschlechter, doch schon bei seinem Vater lässt sich eine gewisse kritische Einstellung zum Militär erkennen. Er gerät als Major in Konflikt mit seinem Landesherrn Friedrich II. und schreibt diesem, dass er zwar »Herr über [s]ein Leben aber nicht über [s]eine Ehre«[43] sei und dass er deswegen um seinen Abschied vom Militär nachsuche. Sein Sohn wird ihm, was sein Rechtsempfinden und seinen unbiegsamen Charakter angeht, später nacheifern. Die Mutter gewährt ihren Kindern die nötigen Freiräume und weist sie zu einem liebevollen Umgang miteinander an.

Militärlaufbahn

Kleist erhält gemäß aristokratischer Tradition zunächst häuslichen Privatunterricht. Seine Lehrer bescheinigen ihm eine bewundernswerte Auffassungsgabe, eine gesunde Neugier und Phantasielust sowie Begeisterungsfähigkeit, die aber mitunter etwas exaltiert wirke, da sein jugendlicher Feuereifer manchmal nicht das richtige Maß fände.

Heinrich von Kleist
Kreidezeichnung von Wilhelmine von Zenge nach der Miniatur von
Peter Friedel

Früh kommt Kleist mit den Ideen der Aufklärung in Berührung. Die Messe- und Handelsstadt Frankfurt an der Oder bringt ihn in Kontakt zum aufstrebenden, selbstbewussten Bürgertum. Im Juni 1788, Kleist ist erst zehn Jahre alt, stirbt sechzigjährig sein Vater, was die wirtschaftliche Situation der Familie Kleist grundlegend verändert. 1793 stirbt Kleists Mutter nach achttägigem Krankenlager unerwartet mit nur 46 Jahren. Durch den frühen Tod der Eltern wird die seelische Stabilität des Heranwachsenden empfindlich beeinträchtigt.

Entsprechend der Familientradition und auf Grund mangelnder Alternativen soll Kleist die Offizierslaufbahn einschlagen. Er ist gerade vierzehn Jahre alt, als er am 20. Juni 1792 als Gefreiter-Korporal in ein Eliteregiment in Potsdam aufgenommen wird. Noch im selben Jahr wird er in Frankfurt am Main als Fünfzehnjähriger beim Rheinfeldzug gegen die französischen Revolutionstruppen eingesetzt. »Die Franzosen oder vielmehr das Räubergesindel wird jetzt allerwärts geklopft«[44], so schreibt der junge Kleist im Sinne der preußischen Kriegspropaganda im März 1793

Kriegs-
erfahrungen

an sein »Tantchen«.[45] Ganz anders der Tonfall zwei Jahre später, als Kleists Regiment erneut in Kriegshandlungen verwickelt wird. »Gebe uns der Himmel nur Frieden, um die Zeit, die wir hier so unmoralisch töten, mit menschenfreundlicheren Taten bezahlen zu können! –«[46] Der Krieg erscheint ihm grausam, sinnlos und unmoralisch. Im selben Jahr (1795) verfasst Kant seine Schrift *Zum ewigen Frieden.*

Kleist flüchtet sich in die erhabenen Ideale schöner Literatur und in ein stoizistisches[47] Weltbild. Er gewinnt zunehmend – beeinflusst durch die Philosophie der Aufklärung – eine kritische Distanz zum Soldatenberuf und

zur militaristisch-aristokratischen Welt Preußens, die auf
eiserner Disziplin, drakonischen Strafen und blindem Ge-
horsam aufgebaut ist. Der Soldat müsse vor seinem Offizier mehr Furcht haben als vor dem Feind, so die Devise
Friedrichs II.

Wissenserwerb, Bildung, Selbstvervollkommnung und
Selbstbestimmung werden Kleists neue Ideale, die er
voll Verachtung dem »Monument der Tyrannei«[48], wie er
die preußische Militärmaschinerie nennt, entgegenstellt.
Kleist will sich nun aus dem Irrtum von »sieben unwie-
derbringlich verlornen Jahren«[49] vom Militär zurückzie-
hen. Er quittiert seinen Dienst. Im April 1799, im Alter
von zweiundzwanzig Jahren, erhält er dann endlich das
königliche Entlassungsschreiben.

Es ist Kleist unmöglich, seine »Pflichten als Mensch« mit
denen eines Offiziers zu vereinen. Der Sol-
datenstand ist ihm verhasst, weil er sich
nicht mit seinem Wesen verträgt. Die Un-
vereinbarkeit von preußischem Drill und

| *Mensch oder* |
| *Offizier* |

Menschenwürde führen letztlich zum Bruch mit der Tradition seines Standes, was für einen jungen Mann aus ade-
ligem Haus nicht ohne Risiko war und in ihm selbst zunächst vor allem Ratlosigkeit erzeugt. Ab 1801 verzichtet
Kleist zeitweise auf sein Adelsprädikat und unterschreibt
seine Briefe nur noch mit Heinrich Kleist.

»Kleist wußte zunächst nur, was er *nicht* war – Junker,
Offizier, Staatsbeamter –, was seinem Wesen widersprach;
doch was er nun wirklich *war,* was in ihm als *Wesen* Ver-
wirklichung begehrte, wußte er nicht. Sein ihm selber noch
unbewusstes ›Ich‹ war ursprünglich reine Negation, das An-
ders-Sein, das Nicht-Übereinstimmen.«[50] Was ihn fortan
beschäftigen wird, ist die Suche nach Selbstbestimmung

und das Ringen um Selbstverwirklichung und aktive Selbstgestaltung seines Lebens. In dieser Rolle wird er zeitlebens ein Abtrünniger und Fremdling bleiben, ein innerlich Gequälter und Gebrochener, dem am Ende mit vierunddreißig Jahren nur der Freitod bleibt.

In dem vermutlich 1798 verfassten Aufsatz, *den sichern Weg des Glücks zu finden und ungestört – auch unter den größten Drangsalen des Lebens, ihn zu genießen!* legt Kleist Rechenschaft ab über seine geistig-seelische Entwicklung. Im Zeichen der zu erringenden Mündigkeit und Selbstständigkeit des Menschen formuliert Kleist zunächst einen »Lebensplan«. Er wollte seine Entwicklung nicht dem Zufall und den Einwirkungen des Augenblicks überlassen. Seine Leitlinien sind Bildung, Aufklärung, Urteilskraft, Tugendhaftigkeit, Gerechtigkeit, Menschenliebe, Standhaftigkeit, Bescheidenheit, Mäßigung, Genügsamkeit, Zufriedenheit, innere Würde und gute Handlungen. Eine gewisse stoische Grundhaltung ist unverkennbar, ebenso der unterschwellige Versuch, »die trüben Wolken des Schicksals hinweg zu philosophieren, und mitten unter Sturm und Donner sich Sonnenschein zu erträumen«, wie schon der Adressat des Aufsatzes, der neunzehnjährige August Otto Rühle von Lilienstern (1780–1848) bemerkt hat.[51]

Was Kleist vorschwebt, ist eine an den Wissenschaften, an Philosophie, Dichtung und Musik geschulte, vielseitig ausgebildete Persönlichkeit. Kleist will ein edler Mensch werden. Zu diesem Zweck legt er gleich nach der Ankunft in Frankfurt an der Oder die Reifeprüfung an der brandenburgischen Landesuniversität ab und immatrikuliert sich dort am 10. April 1799 für ein rechtswissenschaftli-

Lebensplan

ches Studium, wobei er sich aber auch sehr für naturwissenschaftliche und theologisch-philosophische Vorlesungen interessiert. Voller Eifer und Bildungshunger stürzt er sich in seine Studien, entsprechend dem Leitspruch Kants: »Habe Mut, dich deines eigenen Verstandes zu bedienen!«

»Gegen die *Fremdbestimmung*, wie er sie erfahren hatte, als man ihn ins Militär steckte, setzt er die *Selbstbestimmung*. Gegen die *Fremdbeherrschung*, die er dort erdulden mußte, setzt er die *Selbstbeherrschung*. Gegen die Abhängigkeit von *Zufall* und *Schicksal* setzt er den *Plan* der eigenen Vernunft. Gegen die *Vergeudung* von Lebenszeit setzt er ihre rastlose *Verwertung*, gegen das *Sichgehenlassen* die Arbeit der *Selbstvervollkommnung*. Der teleologische Optimismus dieses Programms soll gegen das schwankende, unverlässliche Innere, aus dem dunkle Sinnlosigkeitsgefühle aufsteigen, abschirmen.«[52]

Bei der Familie und der Umwelt stößt Kleist mit seiner Entscheidung auf Unverständnis und Misstrauen. Nach dem frühen Verlust der Eltern und den bedrückenden Erfahrungen beim Militär sollen nun die Naturwissenschaften Ordnung in sein Leben bringen.

Von der Gesetzmäßigkeit der strengen Wissenschaften erhofft er sich Orientierungspunkte und Antworten auf seine Frage nach dem richtigen Leben. Doch auch

Wissenschaften als Orientierungspunkte

hier kommen ihm alsbald Zweifel, als er merkt, dass bei der Beschäftigung mit den abstrakten Dingen das Herz leer ausgeht. »Bei dem ewigen Beweisen und Folgern verlernt das Herz fast zu fühlen; und doch wohnt das Glück nur im Herzen, nur im Gefühl, nicht im Kopfe, nicht im Verstande.«[53] Diese Gegenüberstellung von Gefühl und nüchternem, sachlichem Verstand wird bei Kleist fortan eine wichtige Rolle spielen. Zudem muss er mit ansehen, dass sich das allgemeine Interesse an den Naturwissenschaften vor allem auf deren wirtschaftliche und technisch-praktische Verwertbarkeit richtet. Die Beschäftigung mit den Wissenschaften verliert für Kleist ihren Reiz und hinterlässt bei ihm nur noch Überdruss und Ekel.

Wieder einmal bricht für Kleist das zusammen, was ihm Halt bei der eigenen Lebensgestaltung geben sollte. Der Zweifel und die Skepsis am Leitbild »Wissen« und »Wissenschaften«, ja an der Kategorie »Wahrheit« überhaupt vergrößert sein Misstrauen gegenüber jedem bewussten Lebensplan und nährt sein aufkommendes katastrophisch angehauchtes Weltbild. Nicht der wissende, bestenfalls der handelnde Mensch kann der »gebrechlichen Welt«, wie er später sagen wird, etwas entgegensetzen.

Eine unaussprechliche Leere erfüllt sein Inneres. All die großen philosophischen und wissenschaftlichen Ideen und Entwürfe helfen ihm wenig bei der Beruhigung der Turbulenzen, die sein Inneres erschüttern. Als dann auch noch die Lektüre der Schriften Kants

Kantkrise

im Jahr 1801 – man spricht von der so genannten »Kantkrise« – den Rest des Vertrauens an die Vernunft und die Durchschaubarkeit der Welt erschüttert, stürzt der Plan einer bewussten Lebensgestaltung gänzlich in sich zusammen. »Mein einziges, mein höchstes Ziel ist gesunken, und ich habe nun keines mehr.«[54]

Der kantische Gedanke, dass es keine objektive Wahrheit gibt, dass wir nicht entscheiden können, ob das, was wir Wahrheit nennen, wahrhaft Wahrheit ist, oder ob es uns nur so erscheint, schleudert Kleist in tiefe Selbstzweifel, verwunderlich auch deshalb, weil Kleist Kant offensichtlich missversteht. Auch wenn es keine absoluten Wahrheiten im »stürmischen Ozean« der uns letztlich unbekannten Welt gibt, so wissen wir doch genug, so Kant, um uns mit Hilfe des Verstandes eine gemeinschaftliche Welt aufzubauen, in der es sich leben lässt und in der wir uns gegenüber den Schicksalsschlägen behaupten können. Das aber reicht dem immer aufs Ganze setzenden Kleist nicht.[55]

Der abtrünnige Aristokrat hatte in den Wintermonaten 1800/01 in Berlin den Kontakt zu bürgerlichen Kreisen gesucht, doch auch dies hatte ihn nur verunsichert. Dem künstlichen und oberflächlichen Lebensstil der Kaufmannsfamilien, in der jeder nur eine Rolle spielt und keiner sich geben kann, wie er wirklich ist, die allgemeine Schauspielerei im Umgang mit anderen, erlebt der Beobachtungskünstler Kleist als Verlust seiner eigenen Identität. An seine Halbschwester Ulrike schreibt er am 5. Februar 1801: »Ach, liebe Ulrike, ich passe mich nicht unter die Menschen, es ist eine traurige Wahrheit, aber eine Wahrheit. [...] Die Notwendigkeit, eine Rolle zu spielen, und ein innerer Widerwillen dagegen machen mir jede Gesellschaft lästig, und froh kann ich nur in meiner eignen Gesellschaft sein, weil ich da ganz wahr sein darf. Das darf man unter Menschen nicht sein, und keiner ist es –«[56]. Zudem wird ihm bewusst, dass die Sprache nicht ausreicht, all diese Erfahrungen auszudrücken. Die Sprache taugt nicht als Mittel der Kommunikation, sie liefert nur »zerrissene Bruchstücke«[57]. Im selben Brief schreibt er: »Ach, es gibt kein Mittel, sich andern *ganz* verständlich zu ma-

> *(K)eine Rolle spielen*

chen, und der Mensch hat von Natur keinen andren Vertrauten, als sich selbst.«[58]

Zum ersten Mal bringt Kleist hier seine Sprachnot und
Wortbefangenheit, die ihn gerade auch als Schriftsteller
begleiten werden, pointiert zum Ausdruck. Alles Reden
ist nur ein Aneinander-vorbei-Reden, ist Missverstehen.
Sprechen erzeugt vor allem Missverständnisse. »Kleist
wird von nun ab seine Sprache zu entkonventionalisie-
ren und seinen Mitteilungsstil schließlich radikal zu än-
dern suchen. Seine Sprache wird moderne Züge anneh-
men.«[59]

Um sich und seinen inneren Auflösungserscheinungen
und Selbstzweifeln zu entkommen, reist Kleist zusammen mit seiner Halbschwester Ulrike im
Paris   Sommer 1801 nach Paris, wo er angeblich
Mathematik und Naturwissenschaften stu-
dieren will. Doch auch diese »Bildungsreise« in die
»Schule der Welt« – vor einigen Jahren noch Hauptstadt
der Revolution inzwischen napoleonische Metropole aus
Reichtum und Elend – gerät zu einer einzigen Katastrophe. Er erlebt Paris als Verrat an den sittlichen Idealen der
Aufklärung. Er stößt sich an der Unpersönlichkeit und Be-
ziehungslosigkeit des öffentlichen, großstädtischen Lebens.
Die oberflächliche, nur an Zerstreuung interessierte Lebens-
weise und die Verlassenheit und Einsamkeit der Menschen
entsetzen ihn. Der enthemmte, kommerzialisierte, nur am
Genuss und an Äußerlichkeiten orientierte Amüsierbetrieb,
der sich in Paris breit macht, widert ihn an. Paris wird ihm
zum Symbol für Entwürdigung und gesellschaftliche Unna-
tur, zum Inbegriff »höchster Sittenlosigkeit«.

Paris bringt den Sinnsucher Kleist nun völlig aus dem seelischen Gleichgewicht. Die Menschheit, so sein Gefühl, treibt dem Abgrund entgegen. Die Welt erscheint Kleist zutiefst fragwürdig, undurchschaubar, paradox und unbegreiflich. In einem Brief vom 28. Juli 1801 schreibt Kleist: »Ach, es muß leer und öde und traurig sein, später zu sterben, als das Herz –«[60]. Der fünfmonatige Aufenthalt in Paris hat Kleists Lebenskrise noch weiter verschärft und ihn an die Grenze seiner Erlebnisfähigkeit geführt. »Der Ausbruch aus der Gebundenheit, das Hinaustreten des Ich in eine problematische Freiheit, die Suche nach dem Selbst in einer Welt der Entfremdung, der Isolierung, des Relativismus, die Sehnsucht nach unmittelbarer Beziehung von Mensch zu Mensch, nach Vertrauen und Gemeinschaft – dieses *Grunderlebnis* des bürgerlichen und kleinbürgerlichen Intellektuellen in der sich herausbildenden kapitalistischen Welt war in Kleist übersteigert, weil der aus preußischem Adelsstand Ausgebrochene der Problematik einer neuen Gesellschaft nahezu wehrlos preisgegeben war.«[61]

Der so in Orientierungsnot gekommene und nach Selbstachtung suchende Kleist will nun sein Heil in der einfachen, naturverbundenen Schweiz suchen, um dort als Bauer von seiner Hände Arbeit zu leben. *Schweizer Idylle* Der Aussteiger findet auf der Aare-Insel am Thuner See (auch Delosea-Inseli genannt) die herbeigesehnte ländliche Idylle. Anfang April 1802 bezieht Kleist sein Inseldomizil, um die Abgeschiedenheit und sich selbst zu genießen. Er nimmt Rousseaus Aufforderung »Zurück zur Natur!« wörtlich, um sich von den Selbstentfremdungserscheinungen des großstädtischen Lebens zu schützen. Er will etwas Gutes tun und als Landmann und Schriftsteller tätig sein, auch wenn er zu diesem Zeitpunkt noch gar nichts Geschriebenes vorweisen kann. Doch Ende 1802 ist es soweit. Er arbeitet an einem Drama, das später als *Die Familie Schroffenstein* in Druck gehen wird, ein Stück, in dem es – im Kontrast zur ländlichen Idylle – vor allem um gewalttätige Leidenschaften, um Misstrauen und Mord geht und um tödlich endende Missverständnisse.

Schon Anfang 1801 hatte sich Kleist ausführlich mit Rousseaus Roman *Émile ou De l'éducation* (erschienen 1764) befasst und Natürlichkeit, Freiheit und die Befreiung von den Zwängen der Ständeordnung als Merkmale einer harmonischen Persönlichkeitsbildung zu seinen neuen Leitbildern erkoren. Er träumt nun den Aussteigertraum von der Rückkehr in eine vorzivilisatorische, natürliche Sinnhaftigkeit in einem überschaubaren Naturbereich. Nachdem dieser Rückzug in die Unmittelbarkeit der Natur nicht gelingt und er an seinem zweiten Stück *Robert Guiskard* scheitert, will Kleist im Spätsommer 1803 den »schönen Tod der Schlachten sterben«[62] und dies – um der Absurdität seines Unterfangens noch eins draufzusetzen – in der französischen Armee Napoleons.

Er will sterben für den, den er seit seinem Parisbesuch am meisten als Repräsentanten der Moderne verachtet. »Der Himmel versagt mir den Ruhm, das größte der Güter der Erde; ich werfe ihm, wie ein eigensinniges Kind, alle übrigen hin.«[63] Er frohlockt bei der phantasierten Aussicht auf ein »unendlich-prächtige[s] Grab« im Meer.[64] Doch Kleist wird vorher als Spion verhaftet. Als ganz und gar Gescheiterter und vor der Familie Gedemütigter kehrt er nach Berlin zurück.

Die Zeit des idyllisch-melancholischen Zurückgezogenseins ist vorbei. Am 20. Mai 1802 hatte Kleist seine Verlobung mit Wilhelmine von Zenge aufgelöst. (Inoffiziell verlobt ist er mit ihr seit dem Frühjahr 1800.) »Liebes Mädchen, schreibe mir nicht mehr. Ich habe keinen andern Wunsch als bald zu sterben.«[65] Im August 1802 schreibt Kleist an seinen Vetter Wilhelm von Pannwitz: »Ich bitte Gott um den Tod und Dich um Geld.«[66]

Kleist war von einer Krise in die nächste geschlittert. Er fühlte sich zum Dichter berufen, vernichtete aber sogleich wieder sein Werk, den *Guiskard*. Er entdeckte sein Inneres. Aber dieses erschreckte ihn gleichzeitig. Er fand keinen Halt und stürzte ins Leere. Alle seine Vorhaben gewährten ihm keine innere Befriedigung. Kant, Rousseau, die Beschäftigung mit den Wissenschaften, Paris, die Schweizer Idylle, die Abkehr vom Standesbewusstsein und den preußischen Traditionen, die Mittellosigkeit und Einsamkeit im gesellschaftlichen Niemandsland, die weltpolitischen Umschwünge und die Diskrepanz zwischen Anspruch und Erfolg, zwischen Ehrgeiz und Selbstzerstörung – all dies sind nicht nur Kleists ganz persönliche Probleme, nicht nur Kleists isolierte Lebenstragik, sie sind auch tektonische Erschütterungen der bürgerlichen Gesellschaft zu Beginn des 19. Jahrhunderts.

Von einer Krise zur anderen

Kleist erweist sich als »ein hochempfindlicher Seismograph, der die Beben der Zeit, die Neustrukturierung der Gedanken- und Gefühlswelt, die Widersprüche und Absurditäten wohl doch genauer registrierte als die meisten seiner Zeitgenossen«[67]. Oder anders gesagt: »Seine Krisen sind Krisen der bürgerlichen Weltanschauung, sein Scheitern deutet auf die Anfänge einer bereits einsetzenden tiefen bürgerlichen Gesellschaftskrise.«[68] Der Weg zurück in die ›gute alte Zeit‹ ist verbaut, der Weg nach vorne von mancherlei Hindernissen noch verstellt. Darin liegt Kleists Tragik, die sich sowohl in den Inhalten als auch in der Form seiner neu entstehenden Werke widerspiegeln wird. Kleists Name »scheint für das katastrophische romantische Ich schlechthin zu stehen«[69], auch wenn er niemals im literaturgeschichtlichen Sinn Romantiker war.

Die Lebens- und Sinnkrisen, die Kleist in regelmäßigen Abständen erleidet, waren für ihn aber auch jeweils Anstöße zu neuen Vorhaben, Plänen und Projekten. Das schwarze Schaf der Familie – inzwischen völlig mittellos – bemüht sich im Sommer 1804 um eine Anstellung im preußischen Staatsdienst. Das kostet ihn große Überwindung und ist auch nicht so leicht zu bewerkstelligen, denn er gilt als allzu aufmüpfig und disziplinlos. Nur mit Mühe gelingt es ihm, ein Verfahren wegen Hochverrats abzuwenden, indem sich der Sechsundzwanzigjährige reuig und zerknirscht auf Krankheiten und Jugendsünden herausredet.

Am 1. Mai 1805 geht Kleist nach Königsberg, um im Finanzministerium eine Anstellung zu übernehmen, aber auch das wird nicht lange dauern. In Wirklichkeit will sich Kleist vor allem der Schriftstellerei widmen. Er schreibt die Novelle *Michael Kohlhaas*, die seinem rebellischen Geist Ausdruck verleiht. Der *Zerbrochne Krug* wird zum Gleichnis für eine aus den Fugen geratene, ungerechte Welt. Er arbeitet an der *Penthesilea* und am *Amphitryon*, Ende 1807 auch am *Käthchen von Heilbronn*. Die ersten Erzählungen, darunter *Die Marquise von O…*, entstehen.

Im Großen und Ganzen ist dies eine äußerst produktive Zeit. All diese Werke zeichnen sich dadurch aus, dass sie den Zustand der Welt und der Menschen als krisenhaft, tragisch, ja als Katastrophe zeigen. Kleists Stimmung

Eine produktive Zeit

bleibt düster und melancholisch, nicht zuletzt weil Napoleon, dem er sich zuvor noch andienen wollte, die Schlacht bei Austerlitz am 2. Dezember 1805 für sich entscheidet.

Die preußischen Verhältnisse sind auch nicht so, wie sie sich Kleist vorstellt. Der Zerfall des »Heiligen Römischen Reiches deutscher Nation« war nicht mehr aufzuhalten. Preußen war vernichtend geschlagen. Am 6. August 1806 hatte Kaiser Franz II. unter Napoleons Druck die deutsche Kaiserkrone niedergelegt. Hinzu kam, dass nicht nur die militärische, sondern auch die innere, gesellschaftliche Ordnung Preußens in wirtschaftlicher, sozialer und kultureller Hinsicht starke Auflösungserscheinungen zeigte. An seinen Freund August Otto Rühle schreibt Kleist Ende November 1805: »Denn so wie die Dinge stehn, kann man kaum auf viel mehr rechnen, als auf einen schönen Untergang.«[70]

Weltuntergangsstimmung und Resignation machen sich erneut breit. Im August 1806 schreibt Kleist – ebenfalls an Rühle: »Komm, laß uns etwas Gutes tun, und dabei sterben!«[71] Umso wichtiger ist ihm in dieser Zeit, in der sich ganz offensichtlich seine Bestimmung zum Schriftsteller verfestigt hat, die Arbeit an seinem Werk. »In der Dichtung erschließt sich ihm das Mittel, die Depression zu überwinden. Sie erlangt die Bedeutung eines Lebensersatzes und wird zu *seiner* Form der Sinnsuche; sie setzt seine Kräfte und Triebe in Schreibdynamik um. Für Kleist gilt nun: Die Destruktion seiner Persönlichkeit drängt ihn zur Konstruktion von Kunstwerken.«[72]

Die Königsberger Zeit hat Kleist regelrecht als Kreativitätsschub erlebt, sowohl im Bereich des Dramas als auch auf dem Gebiet der erzählenden Prosa bzw. der Novellen. Angeregt und ermutigt auch durch die politischen Veränderungen, die sich inzwischen anzubahnen scheinen, entstehen Kleists Hauptwerke. Sein kompakter, nüchterner Sprachstil, geschult auch durch seine Tätigkeit als Jurist am Finanzministerium, findet nun seine ganz eigene Ausprägung. Sowohl seine Dramen als auch seine dramatisch zugespitzten Novellen zeichnen sich durch ungewöhnliche Personenkonstellationen und hintergründige Szenarien aus, die in krasser Form die widersprüchlichen Verhältnisse und Verunsicherungen einer Zeit im Umbruch widerspiegeln.

Ende November 1806 flüchtet das preußische Königspaar und der ganze Hof vor den französischen Truppen von Berlin nach Königsberg. (Am 6. Januar 1807 geht es dann weiter nach Memel, dem nördlichsten Ort der zusammengebrochenen Monarchie.) Kleist will umgekehrt über Potsdam nach Sachsen. Im französisch besetzten Berlin wird er am 30. Januar 1807 unter dem Verdacht der Spionagetätigkeit verhaftet. Eine sehr ernste Sache, stand darauf doch die Todesstrafe. Er kommt in Kriegsgefangenschaft nach Mainz, Straßburg und schließlich ins Fort de Joux bei Pontarlier im französischen Jura und dann als Staatsgefangener nach Châlons-sur-Marne, kann dort jedoch schriftstellerisch tätig sein.

Verhaftung und Kriegsgefangenschaft

Nach der Entlassung aus der Kriegsgefangenschaft reist Kleist am 12. Juli 1807 nach Dresden, wo er bis April 1809 als freier Schriftsteller bleiben wird. Er findet dort einen Kreis von künstlerisch und philosophisch interessierten Gleichgesinnten. Er bekommt erste positive Kritiken und wird sogar als einer der vorzüglichsten lebenden Dichter bezeichnet. Es beginnt eine der hoffnungsvollsten und produktivsten Abschnitte seines Lebens. 1808 gründet er zusammen mit Adam Müller die Zeitschrift *Phöbus. Ein Journal für die Kunst*, die den vielgestaltigen Bestrebungen zeitgenössischer Kunst ein Forum bieten soll und ganz bewusst Literatur und Kunst als Mittel des Kampfes in der Auseinandersetzung mit dem »flachen Zeitgeist« begreift. Für Kleist bietet die Zeitschrift aber auch eine Gelegenheit, eigene Werke der Öffentlichkeit zu präsentieren, unter anderem *Die Marquise von O…* sowie Teile aus der *Penthesilea*, dem *Zerbrochnen Krug* und dem *Käthchen von Heilbronn*, Dramen, in denen wie in der *Marquise* eine Frau im Mittelpunkt steht, deren Selbstbewusstsein aufs Äußerste erschüttert wird und der es dennoch gelingt, durch Besinnung auf sich selbst ihrem Schicksal zu trotzen; ferner das *Guiskard*-Fragment und den *Kohlhaas*. Doch die Zeitschrift findet nicht so recht den Weg zu den höheren Kreisen der Gesellschaft und muss im Sommer 1808 aus finanziellen Gründen wieder eingestellt werden. Das Lesepublikum zieht nicht mit. Hinzu kommt die missglückte Uraufführung des *Zerbrochnen Krugs* am Hoftheater in Weimar.

In Spanien wird unterdessen deutlich, dass Napoleon nicht unverwundbar ist. Der Widerstand gegen die französischen Besatzungstruppen verstärkt sich, ebenso Kleists politische Interessen. Er stellt sein Engagement und sein Wissen dem aufkommenden nationalen Patriotismus zur Verfügung. Sein Eifer und sein erbarmungsloser politischer Radikalismus finden ihren deutlichsten dramatischen Ausdruck in dem wegen seiner Vernich-

Patriotismus und Fanatismus

tungs- und Gewaltphantasien berüchtigten Tendenzstück
Die Hermannsschlacht. Auch seine Ode *Germania an ihre Kinder* ruft in fanatischen Hass- und Racheausbrüchen
(»Dämmt den Rhein mit ihren Leichen«) zur »Befreiung
Germaniens« auf. Kleists agitatorische und chauvinisti-
sche Phantasievorstellungen mögen auch »die Folge einer
frappierenden Kenntnislosigkeit in Fragen der Politik
und der Entwicklung von Gemeinwesen gewesen sein.
Vom Mechanismus all dieser Staatsumschwünge verstand
er ohnehin kaum etwas. [...] Auch von der Vorbereitung
von Befreiungskriegen hat Kleist eigentlich wenig verstanden, ihre soziale Determiniertheit ist ihm ein Rätsel
geblieben.«[73] Der Heimatlose, auf allen Ebenen enttäusch-
te, zu Untergangsszenarien neigende, seine humanisti-
schen, aufklärerischen Ideale nun ganz vergessende Dichter sucht seine neue Identität und Selbsterfüllung im kol-
lektiven Rausch des Patriotismus.

Einen ganz anderen Tonfall schlägt Kleists letztes Schau-
spiel *Prinz Friedrich von Homburg* an. Das 1811 fertig
gestellte »vaterländische Drama« handelt vom Spannungs-
verhältnis zwischen Individuum und Staat, von der Po-
larität von Selbstständigkeit und Unterordnung und
stellt den rigiden, unmoralischen Formalismus der preußischen Pflichtethik in Frage. Nun sind es wieder allge-
mein menschliche Verhaltensweisen, wie zum Beispiel die
Todesfurcht des Prinzen, die die politische Agitation
ablösen.

Kleist sieht sich erneut auf Grund enttäuschter Hoffnun-
gen ganz auf sich selbst zurückgeworfen und fühlt sich
wieder einmal fremd in dieser Welt. Die politische Lage

ist undurchsichtig, dennoch bittet Kleist – von der Familie fallen gelassen und verachtet, vom Staat abgewiesen – um die Wiederaufnahme ins preußische Militär, doch daraus wird nichts. Friedrich Wilhelm III. (1770–1840) stellt alle Kriegsrüstung ein und spielt sogar mit dem Gedanken, mit Napoleon ein Bündnis einzugehen. Kleists Werke gelangen nicht in die literarische Öffentlichkeit, es fehlt an Resonanz beim Lesepublikum. Sein patriotisches Engagement hat nichts genützt. Kleist ist enttäuscht und so verunsichert, dass er den Entschluss fasst – wie er dies bereits mehrfach schon angekündigt hat – zu sterben.

Er fühlt sich als nichtsnutziges Glied der Gesellschaft und zweifelt auch an seiner Befähigung zum Dichter. An seine Halbschwester Ulrike schreibt er am 21. November 1811 »zufrieden und heiter« und mit der Umwelt versöhnt »am Morgen meines Todes«: »die Wahrheit ist, daß mir auf Erden nicht zu helfen war«[74]. Er sterbe in »unaussprechlicher Heiterkeit«[75]. Er sei »zum Tode ganz reif geworden«, so schon am 19. November[76], sein Leben sei »das allerqualvollste« gewesen, »das je ein Mensch geführt hat«, doch werde ihm das nun »durch den herrlichsten und wollüstigsten aller Tode vergütigt«[77].

Zum Tode ganz reif

Die Aussicht auf den baldigen Tod reißt Kleist zu einer beinahe religiösen Ekstase hin. In Henriette Vogel, unheilbar an Krebs erkrankt, findet er eine Gefährtin, die mit ihm in den Tod gehen will. So schreibt Kleist am 20. November mit die Last des Lebens überfliegender Leichtigkeit, dass ihre beiden »Seelen sich, wie zwei fröhliche Luftschiffer, über die Welt erheben«[78] werden. Sie erschießen sich am 21. November 1811 am Kleinen Wannsee bei Berlin. Vorher hatten sie sich von ihrem Gastwirt noch Tisch und Stühle bringen und Kaffee servieren lassen. Henriette Vogel schreibt aus dem Gasthof, in dem sie und Kleist übernachtet haben: »Kleist und ich befinden uns hier bei Stimmings, auf dem Wege nach Potsdam, in einem sehr unbeholfenen Zustande, indem wir erschossen da liegen«, und bittet »unsre gebrechliche Hülle, der sicheren Burg der Erde zu übergeben«[79]. König Friedrich Wilhelm III. verurteilt Kleists Freitod als »Anschlag auf die Religiosität und Sittlichkeit im Volke«[80].

Kleists Tod ist Konsequenz seiner intensiv empfundenen Ausweglosigkeit und gleichzeitig Protest gegen das politische und gesellschaftliche Versagen des preußischen Staates. Kleists inszenierter Doppelselbstmord – Kleist erschießt erst Henriette Vogel, dann sich selbst – erscheint wie ein letzter Triumph, den ihm keiner mehr nehmen kann, arrangiert in großer Selbstgewissheit, als wäre er Kleists letztes Werk. Im Sterben will er das erreichen, was er im Leben nie erreicht hat, obwohl es sein dringlichster Wunsch war, nämlich »auf eine nicht mehr überbietbare Weise zu sich selbst«[81] zu kommen.

Kafka bestätigt dem »Blutsverwandten« später, »den richtigen Ausweg gefunden« zu haben, wenn er sich »im Gedränge äußerer und innerer Not am Wannsee erschoß«.[82]

Literaturgeschichtliche Einordnung

Kleist und sein literarisches Werk sind literaturgeschichtlich schwer einzuordnen. »In der Aufklärung wurzelnd, berührt vom deutschen Klassizismus, deutscher Romantik und Werken aus fremden Literaturen, belebt von einem neuartigen Ich- und Weltgefühl, war er zu neuen literarischen Ufern vorgestoßen.«[83]

Kleist entzieht sich jeder historischen Etikettierung. Es ist gerade das unverwechselbar Eigene und Offene[84], das ihn auszeichnet und deswegen alle literaturgeschichtlichen Zusammenhänge zurücktreten lässt. Oder, um es

Schwer einzuordnen

mit einer Formulierung von Rudolf Kassner auszudrücken: »Man kann von Heinrich von Kleist sagen, daß er ins neue Jahrhundert gestürzt sei, kopfüber. Es war also kein bloßer Übergang, sondern schon etwas wie das Überschreiten einer gegebenen Grenze, etwas sehr Jähes.«[85]

So konnte es nicht ausbleiben, dass sein Werk auch lange Zeit unverstanden und wenig beachtet blieb. »Erst zu Beginn des 20. Jahrhunderts, mit dem Durchbruch eines modernen, von Entfesselung und Entfremdung, Krieg, Wahrheits- und Sinnkrisen bestimmten Lebensgefühls, erkannte man den sprachbezwingenden Außenseiter als einen genialen Poeten und Vordenker, als einen Verwandten im Geiste. So wurde er zum Zeitgenossen der Moderne im In- und Ausland, dessen Werk ›notwendig darum der ganzen Menschheit‹ angehört.«[86]

In Kleists Werk kündigt sich die Übergangskrise zum modernen Menschen an, in der die Problematik der in Frage gestellten Existenz in einer entfremdeten Welt samt ihrem Scheitern manifest zum Ausdruck kommt. Kleists von Krise zu Krise taumelndes Leben weist voraus auf die Sinnkrisen der Moderne.

Modernität

Und er hat dies gewusst oder doch wenigstens geahnt – vor allem auch in seinem Scheitern. »Ich trete vor einem zurück«, so schreibt er am 5. Oktober 1803, »der noch nicht da ist, und beuge mich, ein Jahrtausend im voraus, vor seinem Geiste. Denn in der Reihe der menschlichen Erfindungen ist diejenige, die ich gedacht habe, unfehlbar ein Glied, und es wächst irgendwo ein Stein schon für den, der sie einst ausspricht.«[87]

8. Rezeption

Die Textbeispiele wurden dem Band *Erläuterungen und Dokumente zu Heinrich von Kleist »Die Marquise von O...«*, Reclams Universal-Bibliothek 8196 (s. Literaturhinweise) entnommen und deshalb nur mit der Seitenangabe dieses Bandes ausgewiesen. Dort finden sich auch die genauen Quellenangaben.

»Dieses [zweite, eben angekommene] Heft [gemeint ist das von Kleist herausgegebene Journal *Phöbus*] enthält äußerst interessante Aufsätze, und mit besonderer Teilnahme wird man die wahre Geschichte der Marquise von O. lesen, von H. v. Kleist bearbeitet.«

Miszellen für Neueste Weltkunde,
6. April 1808. S. 54.

»Nur die Fabel derselben angeben, heißt schon, sie aus den gesitteten Zirkeln verbannen. Die Marquise ist schwanger geworden, und weiß nicht wie, und von wem? Ist dies ein Süjet, das in diesem Journale für die Kunst eine Stelle verdient? Und welche Details erfordert es, die keuschen Ohren durchaus widrig klingen müssen. [...] Schon nach den ersten Seiten erräth man den Schluß des Ganzen, und die Menschen darin benehmen sich alle so inkonsequent, albern, selbst moralisch unmoralisch, daß für keinen Charakter irgend ein Interesse gewonnen werden kann. [...] Was jedoch den Styl betrifft, so ist dieser zu undeutsch, steif, verschroben, und wieder zu gemein, um nicht unwillig darüber einige Proben zu geben.«

Der Freimüthige oder Berlinisches Unterhaltungsblatt für gebildete, unbefangene Leser, 4. März 1808. S. 56.

»Ich glaube, bei diesen Herrens hat sich das Blut, was sie
sich im Krieg erhalten haben, alles in Dinte verwandelt. Im
nächsten *Phöbus*, den Dir die Prinzeß bald schicken wird,
tritt dieser selbe Autor auch gleich mit so einer abscheu-
lichen Geschichte auf, lang und langweilig im höchsten
Grad. –«

> Henriette von Knebel (1755–1815) an
> ihren Bruder Karl Ludwig, 5. März
> 1808. S. 58.

»Seine [Kleists] Geschichte der Marquise von O. kann kein
Frauenzimmer ohne Erröthen lesen. Wozu soll dieser Ton
führen?«

> Dora Stock (1760–1832) an Friedrich
> Benedikt Weber, 11. April 1808. S. 59 f.

»Die Erzählungen nun, welche Herr von Kleist dem Publikum übergibt, sind keinesweges französischer, sondern
durchaus deutscher Art, und nur um so vortrefflicher. Sie
verdienen unstreitig den besten beigezählt zu werden, welche unsere Literatur aufzuweisen hat, und sind besonders in
Rücksicht der Gründlichkeit, der Tiefe und des reinen Le-
benssinnes, so wie der kraftvollen, anschaulichen und tief-
wirkenden Darstellung nicht genug zu rühmen.«
   [...] Die zweyte Erzählung: *Die Marquise von O...* ist,
wenn wir nicht irren, schon einmal erschienen, und von vielen als anstößig getadelt worden. Ist nun gleich der Gegen-
stand dieser Geschichte indecent zu nennen, so ist doch die
Behandlung desselben nichts weniger als die guten Sitten
beleidigend. Der Abscheu vor der schändlichen That ist laut
ausgesprochen, und die bösen Folgen derselben sind in ihrer
ganzen Stärke geschildert – ja die Schandthat dient nur dazu,

die hohe Charakterwürde der unglücklichen Marquise in ihrer ganzen Herrlichkeit zu entwickeln [...].

> Wilhelm Grimm (1786–1859). *Zeitung für die elegante Welt*, 24. November 1810. S. 63.

»Diese Erzählung ist auf einer sonderbaren Bedingung gegründet, wenn man diese zugegeben hat, ist sie trefflich und in großen Zügen durchgeführt.«

> Ludwig Tieck (1773–1853) in: *Heinrich von Kleist, Hinterlassene Schriften*, hrsg. von Ludwig Tieck, Berlin: Reimer, 1821, S. LXI. S. 65.

»Bei Kleist ist der Eindruck in eigentlichem Sinne schmerzlich. Er hat in seinen Novellen das Widersinnige, ja Absurde, welches uns zuweilen in schrecklichen Momenten im Schicksal erscheint, in den verschiedensten Formen ausgedrückt, am wildesten in der Marquise von O. und im Kohlhaas. [...] Sieht man so in diesen Novellen alles Tollste mit kalter Alltäglichkeit auftreten, schreckliche Begebnisse ohne einen Ton der Mitempfindung, ohne einen Contrast, als müsste das so sein und wäre überall so, die seltsamsten Charaktere ohne jede leise Ironie des Darstellers, als wäre die Welt ein Tollhaus vor uns hingestellt: so begreift man kaum wie dieser Mensch das Leben so lange ertrug.«

> Wilhelm Dilthey (1833–1911) an Luise Scholz, Dezember 1860. S. 67 f.

»Nach meinem Gefühl das Glänzendste und Vollendetste, das er geschrieben hat. [...] Man empfindet – indem man es als unritterlich verwirft –, daß man nichtsdestoweniger desselben Faux pas fähig gewesen wäre. Wohlverstanden, man entdeckt die *Möglichkeit* dazu im eigenen Herzen. [...] Die Marquise selbst, schamhaft ohne Prüderie, zart, rücksichtsvoll und voll hohen Muts, ist ein entzückender Frauencharakter; ebenso ist der russische Graf, durch dessen ganzes Tun und vornehmste Haltung immer das Schuldbewußtsein durchdringt, eine höchst ansprechende Figur.«

Theodor Fontane (1819–98) 1872. S. 68 f.

»Das ist zweit- und drittrangig: keinerlei Kunst der Komposition, kein Erzeugen von Wirkungen, keine flüssige Satzbildung; Überfluß an indirekter Rede.«

Hippolyte Taine (1828–93) im Gespräch mit Cherbuliez, 24. April 1870. S. 70.

»Von unvergleichlich erzogener Prosa sind die Novellen, diese atemlos herunter- und hinauferzählte *Marquise von O...*; ein Meisterwerk, das ich immer wieder anstaune«.

Rainer Maria Rilke (1875–1926) an Marie von Thurn und Taxis, 16. Dezember 1913. S. 71.

»Und dann liebte er Kleist. Er konnte mir ›*Die Marquise von O.*‹ fünf- oder sechsmal hintereinander vorlesen.«

Dora Diamant über Franz Kafka (1883–1924). S. 71.

»Was seinen [Kleists] Gestalten widerfährt, ist denn auch durchgängig die Entdeckung ihrer selbst an Widerständen, ein unbeschreiblich überquellendes Erlebnis der eigenen

Persönlichkeit, die Selbstbehauptung der Individualität gegenüber der feindlichen Masse. [...] Es ist, wie wenn er nachsehen möchte, wieviel eigentlich ein Mensch aushalten kann, ob er dann, wenn er ihn durch alle Abgründe geschleift hat, noch ein inneres Leben aufweist. Der Stoff dient ihm nur als Vorwand, um die seelische Veränderung seiner Personen von Kulminationspunkt zu Kulminationspunkt aufzuzeigen.«

> Marieluise Fleißer (1901–74), *Der Heinrich Kleist der Novellen.* S. 72 f.

»Man kommt beim Lesen dieser Geschichten aus dem Schrecken, der Aufregung, der Bangigkeit vor dem Ungeheuerlichen, aus dem Bann geteilten Gefühls nicht heraus.«

> Thomas Mann (1875–1955) 1954, *Heinrich von Kleist und seine Erzählungen*, S. 74.

9. Checkliste

1. Geben Sie eine Inhaltsangabe der Novelle, die nicht mehr als drei Sätze umfasst.
2. Inwiefern handelt es sich bei der *Marquise von O...* um eine Novelle?
3. Warum kann diese Novelle als die Geschichte einer Emanzipation aufgefasst werden?
4. Beschreiben Sie das Verhältnis der Marquise zu ihren Eltern.
5. Skizzieren Sie ein Porträt des Vaters der Marquise.
6. Skizzieren Sie ein Porträt der Mutter der Marquise.
7. Beschreiben Sie das Verhalten des Grafen F... im Verlauf der Novelle.
8. Wie erklären Sie sich das Verhalten des Grafen?
9. Wie werden der Arzt und die Hebamme dargestellt? Welche Funktion haben sie im Rahmen des Geschehens?
10. Welche Erzählweise wählt Kleist für seine Novelle?
11. Welche Auswirkung hat Kleists Erzählweise auf den Leser?
12. Beschreiben Sie Kleists Sprache und Erzählstil.
13. Inwiefern lässt die Novelle Ähnlichkeiten (in Bezug auf Inhalt und Form) zu Kafka erkennen?
14. Inwiefern kann die Novelle als die Geschichte einer Verdrängung aufgefasst werden?
15. Geben Sie eine Skizze der einzelnen Etappen des Verdrängungsprozesses der Marquise.
16. Setzen Sie in geraffter Form den Abschnitt von Seite 20, Zeile 23 bis Seite 25, Zeile 33 in die Ich-Perspektive (aus Sicht der Marquise).

17. Setzen Sie den Abschnitt von Seite 30, Zeile 34 bis Seite 31, Zeile 34 in die Ich-Perspektive (aus Sicht des Grafen).

18. Warum erscheint der Graf der Marquise sowohl als Engel als auch als Teufel?

19. Warum muss erst ein Jahr vergehen bis die Marquise und der Graf endgültig zusammenkommen können?

20. Inwiefern muss davon ausgegangen werden, dass Kleists Lebensweg die Novelle in Bezug auf Inhalt und Form beeinflusst und geprägt hat?

21. Warum verfasst Kleist in jungen Jahren einen »Lebensplan«?

22. Warum nennt Thomas Mann Kleist einen Dichter »sondergleichen«?

23. Versuchen Sie eine literaturgeschichtliche Einordnung von Kleists Werk.

24. Wie lässt sich Kleists Freitod beschreiben und erklären?

10. Literaturhinweise/ Filmempfehlungen

Textausgaben

Als Gesamtausgaben von Kleists Werken empfehlen sich:

Heinrich von Kleist: Sämtliche Werke und Briefe in vier Bänden. Hrsg. von Helmut Sembdner. München/Wien: Hanser, 1982. (6., erg. und revid. Aufl. 1977.)

Heinrich von Kleist. Sämtliche Werke und Briefe. Hrsg. von Helmut Sembdner. Darmstadt: Wissenschaftliche Buchgesellschaft, 1952 (5., erg. und revid. Aufl. 1970). *Nach Bd. 2 dieser Ausgabe werden die Briefe Kleists wie folgt zitiert. Briefe, Seitenangabe.*

Heinrich von Kleist: Die Marquise von O… Das Erdbeben in Chili. Erzählungen. Anm. von Sabine Doering. Nachw. von Christian Wagenknecht. Stuttgart: Reclam 2004. (UB. 8002.) – *Reformierte Rechtschreibung. Nach dieser Ausgabe wird zitiert.*

Sekundärliteratur

Doering, Sabine: Erläuterungen und Dokumente: Heinrich von Kleist: *Die Marquise von O…* Stuttgart: Reclam, 2004. (UB. 8196.)

Fischer, Ernst: Heinrich von Kleist (1961). In: Heinrich von Kleist. Aufsätze und Essays. Hrsg. von Walter Müller-Seidel. Darmstadt 1967. (Wege der Forschung. 147.) S. 459–552.

Grathoff, Dirk: Heinrich von Kleist: *Die Marquise von O…*
In: Interpretationen: Erzählungen und Novellen des
19. Jahrhunderts. Bd. 1. Stuttgart 1988. (UB. 8413.) S. 97–
131.

Hohoff, Curt: Heinrich von Kleist in Selbstzeugnissen und
Bilddokumenten. Hamburg 1958. (rowohlts monogra-
phien. 1.)

Kayser, Wolfgang: Kleist als Erzähler (1954/55). In: Heinrich von Kleist. Aufsätze und Essays. Hrsg. von Walter
Müller-Seidel. Darmstadt 1967. (Wege der Forschung.
147.) S. 230–243.

Loch, Rudolf: Kleist. Eine Biographie. Göttingen 2003.

Mann, Thomas: Heinrich von Kleist und seine Erzählungen.
In: Th. M.: Gesammelte Werke in 12 Bänden. Bd. 9: Reden und Aufsätze 1. Frankfurt a. M. 1960. S. 823–842.

Mayer, Hans: Heinrich von Kleist, der geschichtliche Augenblick. In: H. M.: Zur deutschen Klassik und Romantik. Pfullingen 1963. S. 183–242.

Müller-Seidel, Walter: Versehen und Erkennen. Eine Studie
über Heinrich von Kleist. Köln 1961.

– Die Struktur des Widerspruchs in Kleists *Marquise von
O…* (1954). In: Heinrich von Kleist. Aufsätze und Essays.
Hrsg. von Walter Müller-Seidel. Darmstadt 1967. (Wege
der Forschung. 147.) S. 244–268.

– Kleists Weg zur Dichtung. In: Die deutsche Romantik.
Poetik, Formen und Motive. Hsrg. von Hans Steffen.
Göttingen. ²1970 (Kleine Vandenhoeck-Reihe. 250 S.)
S. 112–133.

Reske, Hermann: Traum und Wirklichkeit im Werk Heinrich von Kleists. Stuttgart 1969. (Sprache und Literatur
54.)

Safranski, Rüdiger: Kleist. In: R. S.: Wieviel Wahrheit

braucht der Mensch? Über das Denkbare und das Lebbare. Frankfurt a. M. 1993. [8]2003. (Fischer Taschenbuch 10977.) S. 33–50.

Schmidt, Jochen: *Die Marquise von O…* In: Interpretationen: Kleists Erzählungen. Hrsg. von Walter Hinderer. Stuttgart 1998. (UB. 17505.) S. 67–84.

– Heinrich von Kleist. Die Dramen und Erzählungen in ihrer Epoche. Darmstadt 2003.

Staengle, Peter: Heinrich von Kleist. München 1998. (dtv portrait. 31009.)

Verfilmung

Die Marquise von O… BRD/Frankreich 1975. Regie: Eric Rohmer. Drehbuch: Eric Rohmer nach der gleichnamigen Novelle von Heinrich von Kleist. Darsteller: Edith Clever, Bruno Ganz, Peter Lühr, Edda Seippel, Otto Sander.

Anmerkungen

1 Thomas Mann, *Heinrich von Kleist und seine Erzählungen*, in: Th. M., Gesammelte Werke in 12 Bänden, Bd. 9: Reden und Aufsätze 1, Frankfurt a. M. 1960, S. 823–842, hier: S. 839.

2 So die mit Kleist befreundete Malerin Dora Stock am 11. April 1808, in: *Erläuterungen und Dokumente, Heinrich von Kleist: »Die Marquise von O...«*, hrsg. von Sabine Doering, Stuttgart 2004, S. 59.

3 Zit. nach: Peter Staengle, *Heinrich von Kleist*, München 1998, S. 151.

4 Genaueres in: *Erläuterungen und Dokumente* (Anm. 2), S. 9 f.

5 Uneheliche Schwangerschaften waren zu dieser Zeit mit empfindlichen staatlichen, kirchlichen und sozialen Sanktionen belegt. Eine uneheliche Schwangerschaft konnte durch eine nachträgliche Eheschließung jedoch wieder legitimiert werden.

6 Zit. nach: Staengle (Anm. 3), S. 136.

7 Hermann Reske, *Traum und Wirklichkeit im Werk Heinrich von Kleists*, Stuttgart 1969, S. 49.

8 Ebenda, S. 45.

9 Jochen Schmidt, *»Die Marquise von O...«*, in: *Interpretationen, Kleists Erzählungen*, hrsg. von Walter Hinderer, Stuttgart 1998, S. 67–84, hier: S. 73.

10 Es ist nicht davon auszugehen, dass die Heiratsanträge vom Grafen nur aus taktischen Gründen vorgetragen werden, um der Aufdeckung seiner Tat zuvorzukommen. Es handelt sich offensichtlich um Liebe, sonst wäre auch der Schluss der Novelle nicht verständlich.

11 Goethe an Eckermann, 25. 1. 1827.

12 Brief an August Otto Rühle, Ende November 1805. Zit. nach: *Heinrich von Kleist, Sämtliche Werke und Briefe*, hrsg. von Helmut Sembdner, Darmstadt 1952, ⁵1970, Bd. 2, S. 761. *Im Folgenden zitiert mit: Briefe, Seitenzahl.*

13 Rudolf Loch, *Kleist. Eine Biographie*, Göttingen 2003, S. 257.

14 Thomas Mann (Anm. 1), S. 832.

15 Schmidt (Anm. 9), S. 67.

16 Ebenda, S. 70 f.

17 Vgl. zum Beispiel die Szene auf S. 15.

18 Rüdiger Safranski, »Kleist«, in: R. S., *Wieviel Wahrheit braucht der Mensch? Über das Denkbare und das Lebbare*, Frankfurt a. M. 1993, [8]2003, S. 33–50, hier: S. 33.

19 Walter Müller-Seidel, »Die Struktur des Widerspruchs in Kleists *Marquise von O...*«, in: *Heinrich von Kleist, Aufsätze und Essays*, hrsg. von Walter Müller-Seidel, Darmstadt 1967, S. 244–268, hier: S. 249.

20 Ernst Fischer, »Heinrich von Kleist«, in: *Heinrich von Kleist, Aufsätze und Essays*, hrsg. von Walter Müller-Seidel, Darmstadt 1967, S. 459–552, hier: S. 527.

21 Jochen Schmidt spricht in diesem Zusammenhang von einer »psychologischen Subversion religiöser Vorstellungen« (Anm. 9, S. 78). »Der Mensch, der sich in der Wirklichkeit nicht mehr zurechtfindet, so lautet die Botschaft hier wie in anderen Erzählungen, flüchtet in religiöse Vorstellungen.« Kleist reproduziere in den genannten Fällen nur die Wertung der Marquise, ohne sie sich zu Eigen zu machen. Auch wenn er sich nicht ausdrücklich von ihr distanziere, so demaskiere er jedoch auf ironische Art »die Tendenz der Menschen, das ihnen nicht Verständliche in den Bereich religiöser Vorstellungen zu erheben oder das schwer Erträgliche kompensatorisch zu verklären« (S. 79).

22 Schmidt (Anm. 9), S. 69.

23 Hans Mayer, »Heinrich von Kleist, der geschichtliche Augenblick«, in: H. M., *Zur deutschen Klassik und Romantik*, Pfullingen 1963, S. 183–242, hier: S. 233.

24 Zit. nach: *Erläuterungen und Dokumente* (Anm. 2), S. 68.

25 Staengle (Anm. 3), S. 133.

26 *Lektüreschlüssel, Heinrich von Kleist, »Michael Kohlhaas«*, Stuttgart 2004, S. 6.

27 Staengle (Anm. 3), S. 133 f.

28 Schmidt (Anm. 9), S. 77.

29 Ebenda, S. 76.

30 Ebenda, S. 75.

31 Safranski (Anm. 18), S. 47.

32 *Erläuterungen und Dokumente* (Anm. 2), S. 53.

33 Peter von Matt, *Liebesverrat. Die Treulosen in der Literatur*, München 1991, [3]1996, S. 331.

34 Walter Müller-Seidel, *Versehen und Erkennen. Eine Studie über Heinrich von Kleist*, Köln 1961, S. 205.

35 Schmidt (Anm. 9), S. 81.

36 Staengle (Anm. 3), S. 140.

37 Reske (Anm. 7), S. 127.

38 Fischer (Anm. 20), S. 529.

39 Reske (Anm. 7), S. 128.

40 Thomas Mann ist hier offensichtlich ein Zählfehler unterlaufen. Kleist wurde 34 Jahre alt: geboren am 10. oder 18. 10. 1777, Freitod am 21. 11. 1811.

41 Thomas Mann (Anm. 1), S. 823.

42 Frankfurt an der Oder war gegen Ende des 18. Jahrhunderts eine Garnisons-, Universitäts- und Handelsstadt mit ca. 1000 Soldaten und 200 bis 300 Studenten.

43 Zit. nach: Loch (Anm. 13), S. 12.

44 *Briefe* (Anm. 12), S. 467.

45 Preußen und Österreich, später auch Russland, führen den so genannten Ersten Koalitionskrieg gegen Frankreich und das Übergreifen revolutionärer Ideen auf Deutschland.

46 *Briefe* (Anm. 12), S. 471.

47 Lebenseinstellung der Stoa (griechische Philosophenschule Mitte des 3. Jh. n. Chr.): Oberste Maxime ist die Forderung in Übereinstimmung mit sich selbst, der Natur und der Vernunft zu leben und Neigungen und Affekte streng zu kontrollieren und zu bekämpfen.

48 *Briefe* (Anm. 12), S. 479.

49 *Briefe* (Anm. 12), S. 489.

50 Fischer (Anm. 20), S. 464.

51 Zit. nach: Loch (Anm. 13), S. 40.

52 Safranski (Anm. 18), S. 37.

53 Brief an Ulrike 12. 11. 1799, *Briefe* (Anm. 12), S. 494.

54 Brief an Wilhelmine von Zenge, 22. 3. 1801; *Briefe* (Anm. 12), S. 634.

55 Welche Schriften Kants Kleist nun gelesen hat, die *Kritik der reinen Vernunft* von 1781 oder auch die wesentlich versöhnlichere *Kritik der praktischen Vernunft* von 1788 oder die *Kritik der Urteilskraft* von 1790 oder ob er Kant nur über Fichtes *Die Bestimmung des Menschen* vermittelt bekommen hat, ist bis heute nicht ganz geklärt. Zudem gilt es festzuhalten, dass die Begegnung mit den Gedanken Kants nur *ein* Glied in einer längeren Kette von Verunsicherungen und Orientierungsschwierig-

keiten gewesen ist. Offensichtlich hat sie jedoch Kleists Glauben
an die aufklärerischen Bildungs- und Wissenschaftsideale schwer
erschüttert. Unverkennbar ist aber auch, dass Kleist angesichts
der unterstellten Ohnmacht des Denkens darin bestärkt wurde,
sowohl die innere Welt der Intuition und des Gefühls als auch die
Bedeutung der Tat in den Mittelpunkt seiner Weltorientierung
zu stellen. – Jochen Schmidt spricht sogar von einer inszenierten
Schein*krise*. »Kleist wollte Dichter werden, wagte es aber noch
nicht offen zu sagen, denn das galt in Preußen nicht als ehren-
haft.« (Jochen Schmidt, *Heinrich von Kleist. Die Dramen und
Erzählungen in ihrer Epoche*, Darmstadt 2003, S. 15).

56 *Briefe* (Anm. 12), S. 628.
57 *Briefe* (Anm. 12), S. 626.
58 *Briefe* (Anm. 12), S. 627.
59 Loch (Anm. 13), S. 94.
60 *Briefe* (Anm. 12), S. 672.
61 Fischer (Anm. 20), S. 479.
62 *Briefe* (Anm. 12), S. 737.
63 Brief an Ulrike, 26.10.1803, *Briefe* (Anm. 12), S. 737.
64 Ebenda.
65 *Briefe* (Anm. 12), S. 726.
66 *Briefe* (Anm. 12), S. 727.
67 Loch (Anm. 13), S. 250.
68 Mayer (Anm. 23), S. 192.
69 Karl Heinz Bohrer, *Nach der Natur. Über Politik und Ästhetik*,
   München/Wien 1988, S. 173.
70 *Briefe* (Anm. 12), S. 760.
71 *Briefe* (Anm. 12), S. 768.
72 Loch (Anm. 12), S. 254.
73 Ebenda, S. 321.
74 *Briefe* (Anm. 12), S. 887.
75 Ebenda.
76 *Briefe* (Anm. 12), S. 885.
77 Brief an Marie von Kleist, 21.11.1811, *Briefe* (Anm. 12), S. 887.
78 *Briefe* (Anm. 12), S. 885.
79 *Briefe* (Anm. 12), S. 888.
80 Zit. nach: Loch (Anm. 13), S. 413.
81 Safranski (Anm. 18), S. 50.
82 Brief an Felice Bauer vom 2.9.1913, B2 275, zit. nach: *Briefe an*

Felice und andere Korrespondenz aus der Verlobungszeit, hrsg. von Erich Heller und Jürgen Born, Frankfurt a. M. 1976, S. 460.

83 Loch (Anm. 13), S. 414. – Jochen Schmidt schlägt die Formel »Aufklärung und Romantik« vor. »Sie bezeichnet nicht ein zeitliches Dazwischenstehen, vielmehr ein *dialektisches Verhältnis von romantischer und aufklärerischer Geistesverfassung*« (Anm. 55, S. 21). Es gehe Kleist um eine zweite, weiter reichende Aufklärung, »ohne die romantischen Bedürfnisse des menschlichen Herzens zu verkennen oder gar zu mißachten« (ebenda, S. 22). Es handele sich zudem um eine Aufklärung, »die er sich selbst gegen die *eigenen* romantisch-regressiven Neigungen zumutet« (ebenda, S. 26).

84 »Kleists Dichtung selbst ist eine Dichtung der experimentellen Offenheit, in ihr gibt es keine Sicherheit, weder die Sicherheit einer anerkannten Gesellschaftsordnung, noch die innere Heimat einer fraglos akzeptierten Religion; noch weniger die Sicherheit gültiger Traditionen, und schon gar nicht die Sicherheit einer ihrer selbst gewissen Subjektivität« (Jochen Schmidt, Anm. 55, S. 16).

85 Rudolf Kassner, *Das neunzehnte Jahrhundert, Ausdruck und Größe,* Zürich 1947, S. 92 f.

86 Loch (Anm. 13), S. 414 f.

87 *Briefe* (Anm. 12), S. 736.

Raum für Notizen